徳王の見果てぬ夢

南北モンゴル
統一独立運動

佐々木健悦
SASAKI KENETSU
［著］

社会評論社

徳王の見果てぬ夢——南北モンゴル統一独立運動＊目次

1950年頃のモンゴル人民共和国と中国内モンゴル

カザフスタン
トゥヴァ
バイカル
イルクーツク
バヤンウルギー
ツァガーン
オラーンゴム
オブス
ウルギー
キジル
フブスグル湖
バトガル
フブスグル
ムルン
ホブド
ザブハン
トソンツェンゲル
ツァガーン
スフバートル
アマル・バヤスガラント
ダルハン
ボルガン
オルホン
オリヤスタイ
ホブド
ガンダン寺
アルハンガイ
ツェルツェレグ
ハラホリン
ウランバートル
アルタイ
エルデニ・ゾー
ゴビアルタイ
シャンハ
ホジルト
マンジュシュリー
バヤンホンゴル
ウブル
ハンガイ
アルバイヘール
新疆ウイグル
マンダルゴビ
バヤンホンゴル
ドンドゴビ
ダランザドガド
クワイズフ
ウムヌゴビ
トホム
アラシャン
阿拉善盟
バヤンノール
定遠営
張掖市
ウーハイ
鳥海市
アラシャン
阿拉善盟左旗
銀川
青海
武威市
西寧
寧夏回族

梗概

一つ民族が南北二つに分断されているのは朝鮮半島に限ったことではない。モンゴル民族は南北に二分されていると言うより、ロシア連邦のブリヤート共和国、さらにカルムィク共和国も含めれば、三分あるいは四分されていると言うべきだ。

幾度か、南北のモンゴル民族が併合独立しようする動きはあったが、南北の強大隣国の思惑により、それは夢に終わった。しかし、現在、少なくとも文化的には連帯しようとしている。

第一話ではフルンボイルの初期の独立運動を、バルガ族のダムディンスレンを中心に語る。第二話は関東軍の内モンゴル政策、第三話は内蒙古人民革命党の成立と瓦解を郭道甫(クオダオフ)の活動を中心に語る。

第四話は、徳王の関東軍の内蒙工作を利用しての内蒙高度自治運動、徳王政権の変遷、徳王の北京への脱出、ソ蒙軍の進攻と内蒙軍の背叛逃亡、この間の国民政府との駆け引きなどを語る。

第五話は大戦後、内蒙各地で再燃した併合独立運動や徳王の再起と挫折を語る。

第六話は北モンゴルの受け入れ事情を、モンゴル側の資料を基にチョイバルサンのスターリンとの駆け引きを中心に語り、第七話は北モンゴルに脱南した人々の明暗を追う。

第八話は中国送還後の徳王、第九話は現在の汎モンゴル主義について語る。最後の［補遺］では一九四五年八月に発生した「蒙古幼年学校事件」の真相を追う。

凡例

以下の叙述において、地名、国名、組織名、戦争・事件名などを直接的間接的に引用する場合には、当時の歴史的名称のまま用いる。しかし、それらの一部には侮蔑的差別的なニュアンスを帯びるものもある。例えば、西洋諸国では中国を「チャイナ」とか「シーナ」と呼んでいた。この呼称自体に侮蔑的意味合いはないが、「支那」と漢字表記して、戦前戦中に日本人は蔑視して用いた。「蒙古」も「マングー」を漢字で転写したにすぎないが、字面は「無知蒙昧」を内包する。従って、歴史的呼称として引用する以外は「中国」「モンゴル」を用いる。また、「内蒙（古）」「外蒙（古）」という呼称は、あくまでも中国から見てのことである。従って、私としては「蒙古」「内蒙」「外蒙」という呼称は避けたい。現代中国では依然として「蒙古」を使用しているので、中国側の視点で語る場合や当時の慣用として引用する場合や略称の場合には、「蒙古」「内蒙」「外蒙」「ソ蒙」などを用いる。通常は、「南モンゴル」「北モンゴル」とする。

また、当時、「東部内蒙古」「西部内蒙古」と呼んだが、「関東北部」でなく「北部関東」、「関東南部」でなく「南部関東」と呼ぶのと同様に、私には奇妙に思える。従って、引用の場合を除いて、「内モンゴル東部」「内モンゴル西部」としたい。

民族運動に奔走した南モンゴル人の多くはモンゴル名の他に漢名を持ち、そのほうが内モンゴルでは通りがよく、当時の日本人には、モンゴル名は馴染み難く日本語表記も厄介な場合が多いので、漢名を優先的に用いる。例えば、デムチグドンロブは徳王、ツョグバドラハは陳国藩とする。

　モンゴル語音の日本語表記には揺れがある。本書に登場する人名や族名、地名についてのみ表記を統一しておく。

　徳王（Дэмчигдонрв/Дэ ван）のモンゴル名は従来「ドムチョクドンロブ」ともされて来たが、原語表記からすると、「デムチグドンロブ」であり、陳国藩（Цогбадрах）も「チョクバダラハ」ではなく、「ツォグバドラハ」である。「呼倫貝爾（Хөлөнбуйр）」は「ホロンバイル」「ホロンボイル」「フルンボイル」「フルンブイル」などと揺れがあるが、「フルンボイル」とする。「アラシャン」とも表記されたАлашаは「アラシャ」とした。しかし、当時の南モンゴル諸方言と現在のモンゴル国のハルハ方言の発音が若干異なっている場合もあり、現在の日本語の文献でほぼ慣用化してしまっているものもある。従って、原語表記と多少違っていても定着化してしまった名称については、従来の日本語表記のままにした。Дагуурは「ダグール」、Жирэмは「ジリム」、Зостは「ジョスト」、Ихзууは「イフジョウ」、Сөнидは「スニト」、Үзэмчинは「ウジムチン」、Халимагは「カルムィク」、Харчинは「カラチン」、Хорчинは「コルチン」、Цахарは「チャハル」などのままにした。

　モンゴル国の首都ウランバートル［赤い英雄の都］は一九二四年に改称されるまで、ロシア人は活仏の大宮殿（Өргөө）があることからҮргаと呼び、漢人はхүрээ［住居を囲む柵または外壁］を音写して庫倫（クーロン）と呼んだ。それでモンゴル人はИх Хүрээ「イフ・フレー［大フレー］」（一七〇六－一九一一）とか、Нийслэл хүрээ「ニースレル・フレー［首都フレー］」（一九一一－一九二四）とか呼び、漢人は「ダー・フレー」と呼んでいた。一九一一年十二月に独立宣言して成立した政権は「ボグド政権」または「クーロン政府」と呼ぶ。その政府の首都は「ニースレル・フレー」だが、漢名でクーロンとも呼ぶことにする。基本的にその時期の呼称に従う。他の地名の多くも漢名で呼ぶか漢字表記にする。戦前戦中の日本人は漢名で呼んでいたからである。

また中華人民共和国の首都・北京は明代に「北京」と呼ばれ、一九二八年から一九三八年の間は「北平」と呼ばれた。従って、この時期の歴史的記述を除いて、「北京」とする。

なお「中国語」「韓国語」という言語名は用いない。中国の最有力言語を「漢語」、朝鮮半島の最有力言語を「朝鮮語」と呼ぶ。言語を成り立たせているのは国家でなく民族であって、漢民族は「漢語」を、朝鮮民族は「朝鮮語」を母語としているからである。

なお掲載写真のうち、特に但書きのないものは、全てＤ・ゾリクト『デ・ワン』からの転載である。

前説

現在の日本とモンゴル国の関係は十五年戦争中の日本と内蒙のそれに似ている。当時の内蒙の徳王自治政権が日本軍に依拠しなければ、樹立も存続もできなかったように、現在のモンゴル国も日本の無償援助や支援なしには成り立たない。当時、関東軍が内蒙でアヘン栽培を奨励し、そのアヘンをアジアの占領地で売りさばき、莫大な戦費を得た。今、日本は「国策」として原発を押し売りしている。原発はアヘンよりも甚大な被害をもたらし、末代までの禍根を残す。

徳王らは日本陸軍の内蒙工作を利用して南［内］モンゴルの自治独立を確立し、大戦後には北のモンゴル人民共和国と併合され、統一独立することを望んでいた。

南モンゴルの自治独立運動に言及した断片的な文献はあっても、その運動が北モンゴルとの併合独立を志向した民族運動であったこと、それに対する北モンゴル側の対応、脱南した人々のその後について纏（まと）めた著作はない。

北朝鮮から脱出した人々を日本では、「脱北者」と総称する。北モンゴルでは南モンゴルから移り住んだ人々を呼ぶ特別の総称はなく、単に「南モンゴル人（Өвөр монгол хүн）で済まされていた。ただし、脱南した当時、一五歳の少年だったB・ビレクト（Б. Билэгт）氏に拠ると、「南モンゴルから逃げて来た子」と言われたことはあったと言う。

一九四五年八月、ソ蒙軍が南モンゴルや満洲国に進攻した。その後の混乱期に、南モンゴルや満洲国から北モンゴル［当時はモンゴル人民共和国］へ脱出、亡命、留学、移住した人々が多数いた。

戦中、北のモンゴル人民共和国から南モンゴル、あるいは満洲国に亡命あるいは移住したケースもあったが、本書で特に言及するのは、南モンゴルから北モンゴルに「移動」した人々である。

時局に迫られて、南モンゴル人が北モンゴルを目指した時期はモンゴル近現代史上、度々あった。一九一一年の辛亥革命を機に、同年末、北モンゴルの庫倫（クーロン）にボグド政権が成立し、フルンボイルのバルガ族王公らはこれに呼応してクーロンに駆け付けた。一九一四年秋のキャフタ会議と翌一五年六月七日のキャフタ協定の前後の時期、第二次大戦後の混乱期、中国文化大革命の時期などである。文化大革命期の移動は脱出の機会に恵まれた少数者の逃避行であったので、ここでは取り挙げない。

本書では、モンゴル人民共和国にあって密かに南北モンゴル統一運動を進めていた人物と言ってよいチョイバルサンと、特に六人の脱南者を取り上げる。バルガ族のダムディンスレン、ダグール族の郭道甫［メルセー］、カラチン右旗出身の呉鶴齢、南モンゴル独立運動の指導者・徳王とその秘書長であった陳国藩。後者二人は第二次大戦後、モンゴル人民共和国に亡命した。そして、その陳国藩が運営を任されていた印刷所で働いていた徳王自治政府の書記・ブレンバヤル氏の長男で、当時、蒙古軍幼年学校の生徒だったB・ビレクト氏である。

このビレクト氏の「手記／聞書」をしばしば引用するが、今、入手している氏の半生記は、一九四六年秋のウランバートル第一中学校入学までのものである。

本書は、南北モンゴル統一独立運動を柱にした、一九五〇年代までのモンゴル近現代史である。

二〇一三年三月

佐々木健悦

第一話　フルンボイルの独立運動――バルガ族のダムディンスレン

現在、モンゴル民族は、内陸アジアの幾つかの地域に分散、集住している。北のモンゴル国に約二八〇万、旧ソ連邦のバイカル湖周辺にブリヤート族が約八〇万、カスピ海北部にカルムィク族が一八万弱、中国の内モンゴル自治区に約四百万、新疆ウイグル自治区や他の省のモンゴル族自治州や自治県に計約八〇万が居住している。

従って、モンゴル民族の集住地域は大雑把に言って、モンゴル国、ブリヤート共和国、内モンゴル自治区であり、政治的理由により大きく三つに分断されているが、ここでは、内モンゴル自治区とモンゴル国の、南北に分断されたモンゴル民族の統一独立運動の軌跡を辿る。

モンゴル近現代史上、南モンゴルを北モンゴルに併合して統一独立国家を樹立しようとする動きの高揚した時期が、二度あった。これに満洲（興安）蒙古、さらにはブリヤート・モンゴルも含めて、「大モンゴル国」を樹立しようとする壮大な夢まであった。

第一期は、一九一一年一〇月、中国に辛亥革命が起こり、同年一一月、北モンゴルにモンゴル臨時政府が成立した後の数年、第二期は、第二次大戦後の数年である。

　この第一話では、第一期の統一独立運動として、バルガ族のダムディンスレンとフルンボイルの独立運動を取り挙げる。


　清朝はモンゴル族が強大になるのを怖れて、内モンゴル人の土地を六つの盟に分割し、さらに各盟を数旗ないし十数旗に細分して合計四九旗にし、盟旗間の勝手な人口移動を禁止していた［北モンゴルは合計四盟八六旗］。各旗の長となった世襲の王公貴族は「礼薩克（管旗王公）」、旗長の職にない王公は「閑散王」と呼ばれた。盟長は各旗長から互選されていた。ただし、フルンボイルやブトハは中央に直接統治される総管旗で、その長は総管と呼ばれ、非世襲だった。

　内モンゴルやモンゴル西部の反清民族運動が全モンゴルの独立運動をリードしていた。

ボイル湖とその北のフルン湖に跨がるフルンボイルの東部のゴルゴス旗では一九〇五年秋から一〇年にかけて牧民の武装蜂起が頻発していた。その指導者トグトホ・タイジの名は遥か北モンゴルのハルハの地まで届いていた。

　モンゴル西部のウリヤスタイでは一九〇〇年、ハルハの四アイマク［県］から召集された牧民の子弟から成る約二千人の兵士が反乱を起こした。一九〇三年からはザサクト・ハン・アイマクのマニバザル旗では牧民アヨーシの指導する武装蜂起が繰り返されていた。一九一一年には西部辺境のドゥルブド・アイマクでも牧民ポンツァクの指導で武装蜂起が起きた。一九〇八年以降、ホブド近郊の羊毛洗浄工場などで、小規模だがモンゴル人季節労働者のストライキが頻発した。一九一〇年にはクーロン(注)でも、数百人の牧民とラマ僧が漢人の商館を襲った。

（注） 独立宣言するまでは「イフ・フレー［大きな柵(さく)］」とも呼ばれていたが、独立宣言後は「ニースレル・フレー［首都フレー］」と改称、さらに一九二四年一一月以降は「ウランバートル［赤い英雄の都］」に改称された。

辛亥革命を機に、外モンゴルが清朝からの独立を宣言すると、それに呼応して内モンゴルでも独立運動が巻き起こった。外モンゴルと隣接するフルンボイル盟のバルガ族は、一九一二年一月、ハイラルを占領して「フルンボイル自治政府」を樹立した。内モンゴル六盟四八旗の内の三五旗、チャハル盟八旗のうちの六旗が庫倫(クーロン)政府の統治下に入る意思表示をした。

外モンゴルの独立宣言を耳にしたトグトホ・タイジはクーロンに馳せ参じ、ボグド政府への合流を申し出た。新政府は彼に侯爵の称号を与え、ボグド・ハーンの親衛隊長に任じた。

ホーチン・バルガの中心地であるハイラル占領時の指導者はバルガ族のJ．ダムディンスレンだったと言われる。ボイル湖とその北のフルン湖に跨(また)がる一帯はフルンボイル、ここに住むのはダグール族とバルガ族。バルガ族はホーチン（旧）バルガとシン（新）バルガに大別される。前者はロシアの圧政から逃れバイカル地方から一七三二年頃までに移り住み、後者は一七三〇年代にハルハ［北モンゴル］から分離して、このバルガの地に移り、一七三四年に清朝に服属したので、こう呼ばれていた。また、前者と同族のブリヤート人が一〇月革命の難を避けて、この地に流入し、シネヘイ旗を構成した。この独立不羈の民は、北モンゴルの独立に先だって事実上の自治を手にしていた。ダムディンスレンは新バルガ出身。

ダムディンスレンは三〇歳を少し過ぎた頃、父からザンギ［旗の下位集団であるソムの長］の地位を受け継いだ。満洲語とモンゴル語の読み書きを学び、満洲語訳を介して中国の古典に通じて孔子を愛読し、漢詩に似せて詩を作る一面もあったという。

清朝は日露戦争でのロシアの敗北を機に北辺民族に対する支配を強化しようとした。国境警備に当たっていたバルガ族を漢人の兵に代え、漢人農民を入植させて牧地を農地に変え始めた。牧地の収奪は反清反漢運動を引き起こした。

一九一一年の九月、バルガの諸侯が結集、協議して独立を宣言。バルガの地から漢人の役人と兵を追放してフルンボイルの統治権をバルガ族が握る、漢人の植民行為を止めさせる、通関税や租税などの全歳入をフルンボイルの公庫に入れるなどの項目を決議した。中国側がこれを了承しなかったので、翌一二年一月、バルガ族はハイラルを占領するに至った。

北のクーロンでの独立宣言を聞くや、フルンボイルの自治に止(とど)まらず、新バルガ族のダムディンスレンを代表とする七人の指導者がクーロンに赴き、バルガ族の外モンゴル帰属を申し出た。南から北に移住する牧民が続出した。

クーロン政府はダムディンスレンを外務副大臣の地位に据(す)えた。しかし、彼の本領は軍事面にあり、ウリヤスタイや西部ホブド地方で清・漢軍掃討に活躍した。掃討戦には北モンゴルのハルハ族だけでなく、彼に従って来たバルガ、チャハル、ドゥルブドなどの諸族が加わり、モンゴル諸族連合軍の観があった。彼の軍功を称えて、マンライ・バータル［先駆けの英雄］と呼ぶようになった。

一九一一年から一二年、反清民族解放闘争は高揚し、辺境のホショー［旗］も次々と帰属してきたが、袁世凱政権は内外モンゴルの統一独立を怖れ、各地のモンゴル住民を弾圧し始めた。一二年九月、ジェリム盟の婦女子を含む約五万人がハイラルから約三七〇キロ離れたソヨルジ山に避難したという。この時期、内モンゴルから北モンゴルに移住した牧民の数は数千にも上（のぼ）ったと言われている。

クーロン政府はハルハだけでなく全モンゴル人の統一独立を目指し、南モンゴルの四九旗の王公に檄（げき）を飛ばした――「遠近を問わず各地のモンゴル人は、いま新政府の下に集結しつつある」「われわれは、もともと一つの民族であるから、苦しみもよろこびも分かちあわなければならない」。

クーロン政府はダムディンスレンを東南辺境地区総司令官に任じた。ダムディンスレンはハルハ族三百、バルガ族三百、他の南モンゴル諸族七百から成るクーロン政府軍を率いて、南モンゴルに進攻し、一九一三年秋頃には南モンゴルのほとんどを回復した。興安嶺（こうあんれい）からアルタイ山脈にかけての全モンゴル諸族が北のクーロン政府の下に統合される機会が訪れた。

しかし、北京から二百キロと離れていないドローンノールに迫る頃になると、政府軍の補給が悪化してきた。頼みのロシアからの武器援助も実現していなかった。それを知ってか、中国側はダムディンスレンが帰順するならば王［ワン］の爵位を与え、礼を尽くして迎えると誘いをかけた。むろん彼は拒否した。その頃、今度はクーロン政府が、南モンゴルに進駐した政府軍に北モンゴル領内に引き揚げるよう命じ、現地で募兵に応じた南モンゴルの兵士たちにも故郷に帰還するよう命じた。

これは中露が舞台裏で意見が一致し、クーロン政府にロシアが要求したからだ。北モンゴル政府軍を先ず南モンゴルから引き揚げさせ、中国は再び内モンゴルを確保し、いずれ北モンゴルの独立も取り消す腹だった。ロシア側としては北モンゴルを中国から完全に分離させて対中関係を悪化させるよりは両政府を調停して、北モンゴルに完全独立を諦めさせる一方で、中国側には北モンゴルの自治を認めさせ、国境の憂いを無くして、通商上の利益を得るほうが得策だった。ダムディンスレンは一時激怒したものの、兵を退(ひ)くしかなかった。

新政府は国際的認知と支援を求めて、日本の天皇に親書を送ったが、牧野伸顕内相に握り潰され、不首尾に終わった。一九一〇年七月の第二次日露秘密協約によって、内モンゴルを、北京の経度［東経一一六度二七分］の線で東西に分け、その東を日本の、その西をロシアの勢力範囲と定めてあったからだ。

一九一三年一一月五日、クーロン政府の頭越しに露中声明が発表されていた。この声明に対するモンゴル側の不満は大きく、モンゴル側が三者間の協議をボイコットする気配を示したので、一四年秋、キャフタで露中蒙三者会議が始まった。

この会議をモンゴル側は三国会議と呼ぶが、中国側は三方会議と呼んだ。モンゴル側を独立国と認めていないからである（磯野富士子『モンゴル革命』七一頁）。

ダムディンスレンは全権に随行する三名の参事の一人として、この会議に出席した。会議中のダムディンスレンの言動は余りにも過激かつ傲慢とみなされ、露中代表はモンゴル代表団から彼を除くよう要求した。紛糾を心配したクーロン政府は要求を容れ、彼を解任した。

一五年六月の露中蒙のキャフタ三派協定の結果、戦い奪還した故地は中国領と規定され、自治はわずかにハルハとドゥルブドに局限された。南モンゴルのクーロン政府への統合は成らなかった。

ダムディンスレンはキャフタからクーロンに戻ると、休暇をとって故郷のバルガに帰った。その後、自分の家族と血縁の六戸を伴って北モンゴルに移り住んだ。さらに一七年、千戸のバルガ族が北モンゴルに移住した。彼らは全員、ダムディンスレンの所領に入って、そこの旗民になった。

「清朝時代のハルハ・モンゴル人は田舎者でした」「内モンゴルのモンゴル人は清朝皇族と姻戚関係を深めていたため、北京で贅沢に暮らすなどして自負心が強かったのです」「清朝が倒れた時、満洲人と切っても切れない関係を作っていたモンゴルの貴族階級は、清朝皇族と同じく特権の維持を望んだが、下層の遊牧民はモンゴル国と一緒になって独立したい」と考えた、と中央ユーラシア史専門の宮脇淳子は語っている（二〇一〇年四月二三日付『モンゴル通信』）。バルガから移った千戸の中には、ソムの長に過ぎなかった者が旗長になるのはふさわしくないと言う者もいた。ダムディンスレンは所領を旗からソムに格下げしてくれるよう願い出たが、政府は認めなかった。

彼は貧民救済のために塩の採掘と売買を自由にした。これは人民を大いに潤した。人民はただで手に入れた塩を精製してロシアや中国に売ることができたからである。また、政府に五年分の俸禄の前払いを願い出て許され、旗民の救済に充てた。

キャフタ協定によって、南北モンゴルの分割が始まると北京政府は、内モンゴル出身でクーロン政府の高官になった者たちに優遇処置を講じて帰還させようとした。新政府の軍務副大臣になっていたウダイ・ワンは、北京蒙蔵院の顧問に招聘（しょうへい）された。内務省顧問のハイサン公、外務副大臣のラシミンジュール、同副大臣のツェンドなども優遇された。しかし、身分の低い領主や牧民たちには何の保障もなかった。自分のソムの牧民たちを引き連れて北に移住したチャハル盟出身のドンロブは、四百名の牧民を連れてザミン・ウードまで南下したが、国境付近に留（とど）まるしかなかった。

内モンゴル東部の東トゥメド出身のバボージャブも、クーロンに馳(は)せ参じ、クーロン政府軍を率いて、内モンゴル各地で奮戦した。彼はキャフタ協定後もクーロン政府からの撤退命令に従わず、徹底抗戦を続けた。

日本から武器や資金の援助を受け、一時は六、七千の騎兵を指揮していたというバボージャブも次第に内モンゴルの王公たちからも支持を失い孤立し、クーロン政府からは叛徒と見做(みな)され、最後には日本からも見捨てられて、中国軍にも追われる身となった。一六年一〇月、林西城外で敵弾を受けて、戦死した。

一九二〇年二月、中国軍の威圧に屈し、北モンゴルは自治を撤回した。中国当局は自治回復を企む分子を捕える機を窺(うかが)っていた。ダムディンスレンが逮捕された。激しい拷問を受け、飲食も断たれた。近親者は身代金を積んだが、中国側は取り合わなかった。五〇の齢(よわい)を重ね、責め苦に耐えるには心身とも限界だった。ダムディンスレンは身を横たえることなく牢獄の壁に寄りかかったまま、息を引き取った。

第二話　関東軍の内モンゴル政策

(1)日本陸軍にとっての内モンゴル

日本陸軍の最大の関心事は、日本の国防体制を万全にすることにあった。ソ連（あるいは米国）と戦争が発生した場合、中国が背後を衝くという懸念があった。一九〇七年の「帝国国防方針」は、仮想敵国を露・米・仏としていたが、一九一八年の改訂では露・米・中に変更し、二三年の改訂では同時に複数の国との作戦を想定している。

中国の軍事力を軽視していた日本陸軍には、中国がソ連に加担する前に中国を一撃するという「対支一撃論」が台頭していた。満州事変前には中国の排日運動の高揚もあって、満蒙地域の確保が日本の国防にとって不可欠という認識があった。

関東軍の内蒙工作の目的は、外蒙・ソ連方面からの赤化勢力の浸透を防止し、外蒙懐柔の根拠地にし、新疆（しんきょう）方面からのソ連の侵入も防ぐことであった。そのため、満洲国樹立後、モンゴル人地帯を「特殊行政地域」として「興安省」を設けた。特にフルンボイル及び興安嶺一帯はソ連の南下を防ぐ対ソ連戦略の要所と見て、「興安分省」とし、特別視していた。

(2)不透明な「満蒙」という地域名

「満蒙」という地域名は、満洲国の境界を曖昧（あいまい）にする欺瞞的な名称だった。

田中克彦（二〇〇九）は、「満蒙」とは単純に「満洲と蒙古（内蒙古）との併称」（『広辞苑』）ではなく、「満洲蒙古」つまり「満洲国に組み込まれた部分のモンゴル地帯」である「東部内モンゴル」のことだと言う（七六頁―七七頁）。例えば「満蒙開拓団」の場合、満洲国と内蒙全域にわたって送り出された入植団ではなく、「満洲国内のモンゴル地帯」だけを対象にしていた、とする（『ノモンハン戦争』七六頁―七八頁）。

しかし、「満蒙」は、「東三省あるいは東北四省から成る従来の満洲」と「内蒙東部三盟」の併称としても用いられていた。「満洲国」は漢族を主体とした「東三省」（奉天・吉林・黒龍江）から成る従来の満洲の他に、「内蒙東部」（ジリム・ジョスト・ジョーオダの東三盟）と北部のフルンボイルも編入していた。

従って本書で「内モンゴル東部」と言う時は便宜的に、この東三盟に、その北に位置するフルンボイルとブトハの両地域を含める（鈴木仁麗『満洲国と内モンゴル』一一一頁-一一二頁）。

満洲事変（一九三一年九月）当時、フルンボイルとブトハの両域は黒龍江省の管轄下にあり、ジリム盟は東三省（奉天・吉林・黒龍江）に分割管理され、ジョスト盟とジョーオダ盟は熱河省に編入されていた。内モンゴル東部のモンゴル人の土地［蒙地］には盟旗と省県が並存して管轄事項を明確にした規定もなく、行政面で対立し、漢人農民の入植とモンゴル牧民の農民化が進み、農民と牧民との不和対立も少なくなかった。

(3)関東軍の内モンゴル統治政策策定

満洲事変の立て役者である関東軍参謀の石原莞爾は一九二七年頃より、「満蒙領有論」を持論とし、「満洲及び蒙古は歴史的にも経済的にも、また国防的にも、日本にとって、陸の生命線である」から、日本はまず満蒙を確保し、それから中国本土に向かうべきだと考えていた。それでも、満蒙におけるモンゴル民族の存在は、まだ明確に意識していなかった。

三一年三月頃から関東軍参謀と満鉄調査員の有志の間で毎週開かれる研究会で、対モンゴル認識に変化が見られるようになった。牧畜を営む蒙古族と蒙古族居住地域の特殊性を認識し、モンゴル人の独立運動を満洲への武力行使の口実に利用しようと考えるようになった。

事変勃発後の九月二二日、土肥原賢二、板垣征四郎、石原莞爾、片倉衷が会合した。土肥原は日本人を盟主とする在満蒙五族共和国を策立するという独立国案を、板垣は全満洲を占領し日本の領土とする「満蒙領有論」を提案した。石原は板垣に賛成したが、なお検討の必要があるとして再検討した結果、一〇月二日、「満蒙問題解決案」が策定された。

「我国ノ支持ヲ受ケ東北四省及び蒙古ヲ領域トセル宣統帝ヲ頭首トスル支那政権ヲ樹立シ在満蒙民族ノ楽土タラシム」

この中に「蒙古」の二文字が入り、「蒙古族」も含む独立国の樹立の提起であり、「在満各民族ノ楽土タラシム」とあり、「民族協和」の理念を唱えている。満洲国の範囲を「熱河遼西北方」に拡大することも示されている。「熱河遼西」は当時の熱河省を指し、その「北方」は後の興安省の領域と合致する。

一方、内モンゴル東部のモンゴル人たちは事変勃発を契機に民族独立運動を活発化させた。事変が勃発すると、満蒙独立運動の志士バボージャブの遺児のカンジュルジャブ・ジョンジュルジャブ兄弟が国内外の蒙古青年に結集を呼びかけ、東北蒙旗師範学校の教師や生徒、満洲各地と北平や南京のモンゴル人の学生や日本留学経験者などが集まり、蒙古独立軍の編成を計画した。関東軍から武器弾薬の供与などの支援を受け、三一年九月二八日、「蒙古独立軍」が結成された。後に「内蒙古自治軍」に改組され、部隊は第一軍、第二軍、第三軍、砲兵隊に編成された。総兵力一万人と公言されたが、その多くは臨時に掻き集めた匪賊の類いだった。しかし、関東軍にとって、内蒙古自治軍は謀略部隊としての利用価値があり、満蒙独立運動を利用して内モンゴル東部から張学良政権の影響力を排除しようとした。

東北蒙旗師範学校のダグール族の学生たちは事変後、故郷のブトハ地方に戻り、義軍組織を作って地元の猟師らが作る自衛組織に合流し、反軍閥を旗印に革命軍を組織した。フルンボイル地方でも開校当初から東北蒙旗師範学校の校長を務めていた郭道甫（クオダオフ）「メルセー」が中心になって、中国軍への襲撃などを行なっていた。郭道甫は、フルンボイル青年党を結成し、内蒙古人民革命党の秘書長を務めた過去があった。関東軍は、彼らの背後にソ連が付いていると警戒し、日本士官学校卒業生の郭文林（かくぶんりん）を通じて、その動向に目を配っていた。

「満蒙問題解決案」をはじめとする事変後に作成された諸案では、内モンゴル東部の満洲国における位置づけが不明であった。

三一年一〇月二一日、関東軍国際法顧問の松木侠（たもつ）と板垣・石原らによって「満蒙共和国統治大綱案」が策案され、これに基づき松木は「満蒙自由国設立案大綱」を起草した。これで新国家における内モンゴル東部の位置が明確になった。「満蒙」の二字を冠してはいるが、「満洲ト蒙古ノ行政ヲ画然ト区別シ」ていた。奉天省・吉林省・黒龍江省・熱河省・東省特別区という省の他に、「蒙古自治領」が設けられてあった。

満鉄鄭家屯（ていかとん）公所長（のちに満洲国興安局次長）菊竹実蔵（きくたけじつぞう）が先に提出していた素案を基に、片倉参謀は関東軍参謀らとの会合を経て、三二年二月二日、起案して、二月六日、「満蒙建設に伴う蒙古問題処理要綱」を策定した。「蒙古独立」は「蒙古自治」に格下げされていた。

三月一日、満洲国建国、内蒙東部とフルンボイルに特別行政区域として「興安省」が設けらされた。

れた。九日、興安省を管掌する中央行政機関として興安局を置き、八月三日、興安総署と改称

三月九日、興安省に北・東・南の三分省を設けることに決定し、五月一〇日には興安西分省が新設された。三月一日、満洲国軍政部が設置され、興安軍として各省に警備軍が編成された。四月の満洲国軍管区制の実施に伴ない、内蒙古自治軍は興安南分省警備軍〔司令官はバトマラプタン、参謀長はカンジュルジャプ〕に改編された。

関東軍は興安省の設置にあたって、民族主義的なモンゴル知識青年の要求を一部受け入れ、盟旗の王公の政治的特権を廃止した。興安総署・興安各分省及び各旗のトップには王公が就任し、モンゴル知識青年はその下の中堅ポストに就いた。しかし、興安省の次長クラスは日本人が占め、各分省の実権を握った。王公は政治的特権を奪われ、知識青年は独立の理想を否定され、いずれにとっても不本意な結果に終わった。

満蒙に建てられた国は「満洲国」と命名され、新国家に組み入れられた内モンゴル東部の「蒙」の部分に暮らすモンゴル人の存在は埋没してしまった。

満洲国内のモンゴル族の大半に割り当てられた新しい生活の場が興安省だった。興安省は満洲国全体の四分の一を占め、日本の国土ほどの面積があった（鈴木仁麗『満洲国と内モンゴル』二〇一二年一九頁）。

一九三三年一二月の統計に拠ると、蒙古族は四五万千五百人ほど、残りの四割は都市部に住

む漢人で、他に朝鮮人、ロシア人、日本人などもいた。統計中の「蒙古族」にどんな民族が含まれていたかは定かではないが、ダグール族、ブリヤート族、それにソロン族、オロチョン族などのツングース系諸族も含まれていた可能性がある（同書四一頁）。

関東軍は満洲国の建国にあたり、遼寧省・吉林省・黒龍江省の大半を占領した。さらに熱河省の満洲国編入を予定していたが、一九三三年初頭になっても熱河省長・湯玉麟の帰順工作が難航していた。なお張学良の影響下にあったからだ。

三三年二月頃から作戦が開始され、まもなく同省の開魯付近に駐屯していた東北軍騎兵第一七旅（注）が関東軍に帰順し、李守信の興安遊撃師に改編された。湯玉麟の旧部下の烏古廷が李守信に身を寄せてのち、モンゴル人部隊を率いて興安軍に身を投じ、興安西分省警備軍に改編された。

（注）中国軍や満洲国軍では日本軍の「連隊」を「団」、旅団を「旅」、師団を「師」と呼び、「師」は日本軍の師団より小規模だった。

当時、関東軍の急進撃に北平と天津の失陥を怖れた南京国民政府は、停戦を申し入れ、停戦協定が成立した。長城以南の冀東一帯の戦区に非武装地帯が設定された。中国正規軍の駐屯は禁じられ、治安維持には保安隊［中国側警察機関］が当たった。関東軍が非武装地帯を設けたのは中国正規軍との衝突を避けるためだったが、この地帯は熱河作戦で追い出された東北軍の敗残兵や雑軍・匪賊の巣窟にもなり、反満反日の武装勢力の出撃拠点にもなった。

関東軍の二個師団余の作戦部隊では兵力不足で満洲国軍を補助兵力としたが、張海鵬軍以外の雑軍はほとんど役に立たず、治安を乱す匪賊行為が目立った。

関東軍は騎兵第一七師を帰順部隊とみなしていた。部隊の掌握能力を失った旅長の崔興武を下野させ、旅長代理の李守信が新旅長に就任し、さらに四月初旬、李守信を興安遊撃師司令に任命した。興安遊撃師は漢族の第一・第二支隊（六三〇〇人余）とモンゴル族の第三支隊に編成された。

関東軍は熱河省西境と隣接する察東地区に親日満の緩衝地帯を設けるため、李守信軍を謀略部隊としチャハル省ドロン県に進出させた。関東軍は李守信軍を軽視し、李は関東軍の支持に確信が持てず、抗日同盟軍と「八百長」の攻防戦を演じた。関東軍が李を信用していなかったのは、前身が張学良の東北軍騎兵一七旅長［連隊長］だったからだ。

内蒙工作の責任者の松室孝良大佐から武器弾薬と軍費の補給を受けた李守信軍はドロンを奪還し、ドロン県には察東特別区が置かれ、李が行政長官に任ぜられ、李の興安遊撃師は「察東警備軍」と改称された。李は満洲国軍中将の待遇を受けたが、彼の部隊は正式には満洲国軍に編入されなかった。警備軍の民族構成は、李のみがモンゴル人で部下の将兵は全て漢族だった。モンゴル族騎兵から成る第三支隊は興安西分省警備軍［司令官代理は烏古廷］に改編された。

松室大佐は三三年一〇月、シリンゴル盟各旗代表に満洲国への合流を呼びかけたが、興安省における王公の特権廃止に警戒感を抱き関心を示さず、逆に大佐に「満洲国には興安省が出来ただけで、『蒙古』の二字さえない。満蒙合作を唱えるなら、なぜ『満蒙国』と呼ばないのか」と迫った。

松室は蒙古独立を認めなければ、内蒙工作の進展は覚束ないと痛感した。会議終了後、「蒙古建設に関する意見」を起草した。「蒙古独立」を主張する松室の主張は「民族協和」を基調とする関東軍の対モンゴル政策から大きく逸脱していた。一〇月一九日、松室大佐に「チチハルに駐在し黒龍江省及び興安東分省に於ける諜報業務に服すべし」との異動辞令が下命された。松室は三四年二月、「満洲国隣接地方占領地統治案」を起草し、将来の対ソ戦を想定して、蒙古国を建設して、内外蒙古を占領する施策を提案した。しかし、穏健な内蒙工作を進める関東軍は、松室の主張を急進的として採択しなかったが、そもそも内蒙工作は対ソ戦略の一環だった。

第三話　内蒙古人民革命党の樹立と瓦解——郭道甫（クオダオフ）［メルセー］

内蒙古人民革命党は、内モンゴル各地に散在していたモンゴル族運動の支部が連合し、郭道甫［メルセー］らを中心に結成した「フルンボイル青年党」と白雲梯を中心に結成した「内蒙古国民党」が統合して一九二五年一〇月、張家口（ちょうかこう）で組織された。張家口は中国軍閥馮玉祥（ふうぎょくしょう）の影響下にあり、コミンテルンは国民党との友好関係樹立を図っていた。一〇月一二日の第一回大会にはモンゴル人民革命党議長ダムバドルジをはじめモンゴル人民共和国、コミンテルン、広東国民政府、中国国民党などの各代表も列席した。委員長には白雲梯が、中央委員会常務執行委員長には郭道甫が選ばれた。

しかし、別名が「内蒙古国民党」と称される、この党の内モンゴル族解放運動を、コミンテルンは国共合作に利用したし、コミンテルンとの路線対立やモンゴル人民革命党の内部抗争も絡んで、郭道甫らの左派と白雲梯らの右派の路線対立で常に党自体が内部分裂の危機に瀕していた。二六年一一月、山西軍の圧迫を受けて、党本部は寧夏（ねいか）に移転した。

コミンテルンの南北モンゴル統一問題に関する見解は、「北モンゴルが他のモンゴル族の意向を考慮しないで全モンゴル族を統一するのは適切ではない。全モンゴルの統合は、それらがすべて民族解放を得た後にそれらの間で協議して決定する」（モンゴル駐在コミンテルン代表アマガエフ）であった。しかし、以前から南のモンゴル族は北モンゴルに併合されることを望んでいた。

フルンボイル出身の郭道甫や富民泰（ふうみんたい）［ボヤンゲレル］らはウランバートルの党や軍の学校で学んだ。オルドスからは**ウルジジルゲル**(1)ら一五名が党学校で学んだ。モンゴル人民共和国のモンゴル人民党は一九二四年の八月から九月にかけて第三回党大会を開き、これを機に党名(2)を「モンゴル人民革命党」に改めた。この大会に富民泰が招かれ、大会初日の八月四日、祝辞を述べた。その中で富は、中国からの独立を達成したハルハ（北モンゴル）にならい、フルンボイルのバルガ族もまた異民族の支配を脱して、ハルハと共に「一つの家」となる願望を述べ、「モンゴル諸族の統一と発展万歳！」と結んだ。

が、二七年八月、ウランバートルでの内蒙古国民党の特別会議で、白雲梯（はくうんてい）、金永晶（きんえいしょう）［アルタンオチル］」、包悦卿（ほうえつきょう）［サインバヤル］ら右派幹部が失脚した。九月、ウランバートルから寧夏に脱出した右派幹部は「内蒙古国民党反共宣言」を決議し、のちに「内蒙古国民党」を「中国国民党内蒙支部」に改組した。彼らの多くは南京政府の蒙蔵委員会で働き、包悦卿のように、のちに徳王の内蒙古高度自治運動に参加した党員もいる。二七年一二月の第一次国共合作の崩壊と、その後の内蒙古軍の武装闘争の失敗などで行き詰まり、やがて党そのものが崩壊した。
三二年三月に満洲国が成立すると、古参党員は満洲国の軍や政府に入り込んで、長期の地下闘争を始めた。大戦後、蒙古人民自治政府主席となるボヤンマンダホは、終戦時、興安総省省長で、ハフォンガーは満洲国日本駐在大使館員であった。

注

(1) **ウルジジルゲル**は、その新しい教養ゆえに住民から「新ラマ」と呼ばれていた。一九二九年、就寝中に殺害された。W・ハイシッヒの『モンゴルの歴史と文化』(一七五頁、一九六頁、二三〇頁)にはウルジェイ・ジャルガルという名で登場する。ウーシン地方の住民は「新ラマ」のことをこう歌っているという(一七七頁)。

新ラマの同志よ仲間らよ
君らは散りぢりになっている、
だがやがて一つに結ばれて
見事な革命政権を打ちたてるだろう
われら、新時代の秩序に従おう……!
(田中克彦訳)

(2) モンゴル**人民革命党**(MAXH)は二〇一〇年一一月四日の第二六回党大会で党名を旧名の「モンゴル**人民党**」(MAH)に改称した。この改称に反対する人々は二〇一一年一月二八日、再び「**人民革命党**」を結成し、N・エンフバヤル前大統領を党首に選んだ。

ダグール族の**郭道甫**は、早くからオーエン・ラティモアの著作に登場する、稀にみる有識者であり、豪胆なフルンボイルの独立運動家である。

一九二二年、富民泰と一緒にクーロン［ウランバートル］に赴き、モンゴル人民党幹部と打ち合わせてから、フルンボイルに戻って、「モンゴル青年党」を組織、二三年には「バルガ人民党」に発展。二四年から二五年にかけて党員約五〇名をウランバートルの学校に送って幹部養成を図った。

二五年一〇月の第一回内蒙古人民革命党大会で秘書長と常務執行委員長に選ばれた。

二八年、フルンボイルで反漢人武装蜂起を図ったが、コミンテルンの約束したライフル銃千挺と銃弾十万発が届かず、失敗。彼の呼びかけに応じた数百戸のバルガ族は北モンゴルに逃げ込んだ（田中克彦『ノモンハン戦争』五八頁）。

郭はやむなく張学良に帰順、東北蒙旗師範学校校長に就任した。内蒙高度自治運動を進める徳王とも親交があり、「内モンゴルではパンチェン・ラマを宗教指導者にすれば良い」と助言し、徳王はこれに従って、パンチェン・ラマを厚遇した（森久男訳『徳王自伝』六九頁）。

また、「戴天義塾（たいてんぎじゅく）」を創設してモンゴル人留学生事業をしていた笹目恒雄（ささめつねお）にモンゴル青年を紹介し、三六名を日本に留学させた。

三一年九月一八日、満洲事変が勃発すると、韓鳳林（かんぽうりん）や徳古来（とっこらい）らモンゴル人学生は一斉に帰国して「蒙古独立軍」に加わった。

その後、蒙旗師範学校の学生たちと蒙古独立軍改め内蒙古自治軍を指導して武装闘争を始めたが、失敗。ここで暫く彼の足どりは消えた。
三〇年頃、マンチューリのソ連領事館に騙（だま）されて出頭、ソ連に連行され、三四年三月二日、銃殺刑が求刑されたが、一〇年の禁固刑に減刑、獄死したことが最近明らかになった（田中克彦の前掲書五九頁）。

郭道甫は、一九二〇年、母語のダグール語のローマ字化文字を創ったが、軍閥統治期の抑圧的状況の中で葬られてしまった。その後、五〇年代に再び文字作りが再開され、文化大革命期の中断を挟みながらも継続して、八〇年にローマ字による「ダグール語記音符号」が完成した。たった二〇日間の学習で字母を覚えて読めるようになるだけでなく、それを使って単語と短文を書き表せるという（ユ・ヒョヂョン「中国内モンゴル自治区の多民族世界」和光大学モンゴル学術調査団『変容するモンゴル世界』一八〇頁—一八二頁）。ダグール語はモンゴル語の一方言で、北のハルハ・モンゴル語とも語彙の三割程度を共有している。

中国の**少数民族教育**(注)は、自民族の歴史や伝統、文化などは教科内容に含まれず、どの民族も漢族と同一内容の教科書による教育を受けている。モンゴル族であれば、モンゴル語で教育される蒙族学校や蒙漢学校に行くか、それとも漢語で教えられる一般の学校へ行くかは、強制ではなく自分の選択に任されている。

しかし、市場経済化の中で漢語による授業が増え、英語学習が盛んになり、民族語による授業時間が減少している。

私は、二〇〇五年八月、内モンゴル自治区の区都フフホトを訪ねた。モンゴル人同志の会話も漢語であり、歌謡舞踊も漢語で行なわれ、モンゴル語でモンゴル人に話かけても、返答は漢語か英語だった。

モンゴル学者の田中克彦は、一九九一年、内モンゴルを訪ねた際に、郭道甫の講演録「蒙古問題」やその他の書物を入手して、郵便で日本に送ろうとした。フフホトの郵便局は密封したまま受け付けたが、後に北京でチェックされ、そのうち四点が差し押さえられたという（前掲書六一頁）。郭道甫の思想は今でも危険視されているのだ。

（注） 中国では今なお「南モンゴル」を「内蒙古」と呼んでいる。本書は、岡本優享（二〇〇八）に倣い、国家が少数民族に対して行なう教育を「少数民族教育」、それぞれの民族が自らの言語や文化を維持するために行なう教育を「民族教育」と呼ぶ。

第四話　大戦末期までの内蒙高度自治運動

以下、日本の内蒙工作については、森久男（二〇〇九）『日本陸軍と内蒙工作』、モンゴル側の対応についてはデムチグドンロブ（一九九四）『徳王自伝』に概ね依拠するが、新資料を加味しながら、内モンゴル西部の徳王らが日本陸軍の内蒙工作を如何に利用して独立運動を進めたか、という視点から叙述する。

(1)徳王の内蒙高度自治運動開始まで

第三話と一部重複するが、徳王が百霊廟自治運動を開始するまでの内モンゴルの民族運動を、呉鶴齢の活動を中心に整理しておきたい。

大戦終結までの中国のモンゴル族居住地帯は、満洲国統治下の東部と徳王自治政権下の西部とに分かれていた。

日本軍部は当時の内蒙東部を満洲国の版図に組み入れ、内蒙西部を国民政府から切り離し、

「ソ連・外蒙古方面からの赤化を防止する」（関東軍参謀長板垣征四郎「関東軍の任務に基く対外諸問題に関する軍の意見」一九三六年三月二八日）一方で、北の外蒙古［モンゴル人民共和国］のソ連離れを図っていた。

一九三二年三月に建国された満洲国内には、およそ八〇万のモンゴル族が住み、満洲国の総人口の二・三パーセントにすぎなかったが、その生活空間は全土の三分の一以上に及んでいた。関東軍は内蒙東部とフルンボイル地方にモンゴル族特殊行政区として興安省を設置し、満洲国中央行政機構の中に興安局を設けた。三三年四月、これを興安東、西、南、北の四つの分省に分け、各分省を興安局改め興安総署が直轄した。四三年一〇月以降は、興安東、西、南省を取り消して、この三省を興安総省とし、興安北省［フルンボイル］は特に保留されていた。

一九二〇年代末期の南モンゴル人の民族運動は、南モンゴルの中国行政区化［中国側から見れば、内蒙古の「**内地化**」］の撤回とこれまで以上の開墾や漢人移住を防ぐことを中心に展開した。

清朝は蒙地開墾禁止令を何度も発令して、モンゴル族の放牧地を保護しようとしたが、漢族農民の蒙地への進入を阻止できなかった。大飢饉が起こると、被災地の貧農が蒙地に流入した。清末になると、財源確保のため、先ずジリム盟で上からの蒙地開放を実施し、次にチャハル部、イフジョー盟で積極的に蒙地開放を進めていた。モンゴル王公は荒価［土地代金］と蒙租［地代」を手に入れた。

中華民国政府は一九一二年七月、清朝の理藩院を接収して「蒙蔵事務局」［のちに蒙蔵院に改組］を設け、八月に「蒙古待遇条例」を制定して、盟旗制度［王公の政治的特権］の存続を認め、王公の中国からの離反を防いだ。綏遠（すいえん）・チャハル・熱河には省を置かず、特別区とし、盟旗制度を温存した。モンゴル族居住地域である蒙旗では絶対的権力を持つ王公［旗長］が属人の牧民を支配し、漢族居住地域［県］では戸籍制度に基づく属地行政が施行された。蒙漢雑居地域では、モンゴル族は蒙旗に管理され、漢族は県に管理され、土地争議や二重課税などの二重行政紛争が頻発した。

このような状況下にあって、既述した「内蒙古国民党」が誕生した。先ず、その成り立ちと瓦解（が）を振り返っておきたい。

北平蒙蔵学校の教師の金永昌や学生の白雲悌などの間に民主主義・反封建主義・王公制度打倒の新思想が広まった。二四年一月、白雲悌は国民党中央委員に選ばれ、北平蒙蔵学校の学生たちは続々と国民党に入党した。同年四月、孫文は「政府は国内の弱小民族を扶植して自決・自治させる」と述べた。

二五年一〇月一二日、張家口において、広東国民政府・中国国民党・コミンテルン・モンゴル人民共和国などの代表が列席する中で、「内蒙古国民党［別名「内蒙古人民革命党」］全国代表大会が開催された。大会で二一名の中央委員を選出し、委員長には白雲悌、秘書長には郭道

甫が選ばれた。採択された決議には、

第一条「内蒙古の自治自決を完成する」

第二条「平民政治を確立する」

第三条「中国軍閥政治を打倒する」

第四条「封建制度を除去する」

第五条「蒙古を売る王公を排除する」

とある。

内蒙古国民党は二五年一一月、革命蜂起に失敗し、張家口からオルドスへ、さらに寧夏に移転した。北伐戦争の最中で、国共両党の関係が緊張し、内蒙古国民党の内部抗争が激化した。二七年八月、ウランバートルで内蒙古国民党の特別会議が開かれ、金永昌・白雲悌・包悦卿ら右派幹部が失脚。九月、ウランバートルから寧夏に脱出した右派幹部は緊急会議を招集して、「内蒙古国民党反共宣言」を決議。のちに白雲悌は内蒙古国民党を中国国民党内蒙党部」に改組した。

二八年六月、国民革命軍が北京に入城し、年末に南京国民政府による全国統一が完成した。モンゴル問題の複雑さを十分認識していなかった国民政府は、地方行政機構を統一するために、九月、綏遠(すいえん)・チャハル・熱河の三特別区を廃止して省を置いた。盟旗(めいき)という封建制が廃止されれば、自治自決が困難になる。

ここに西カラチン出身の**呉鶴齢**（ごかくれい）が登場する。北京政府内務部主事の呉は「三民主義を奉じて国民政府を擁護する」と声明を出し、各盟旗の代表から成る「蒙古代表団」を組織した。王公を打倒して盟旗という封建制を廃止するという急進的革命ではなく、盟旗制に進歩的改革を加え、現行の盟旗の上に「内蒙古地方政治委員会」を組織して、モンゴル族の自治を確立しようとしたのだ。

呉鶴齢

南京国民政府内には旧内蒙古国民党系の白雲梯や包悦卿らがいて、早くから「王公打倒」「盟旗の封建制の廃止」を唱えていた。彼らは呉鶴齢の蒙古代表団の漸進的な盟旗制度の改革に反対し、蒙古代表団を王公の手先であると攻撃した。

二九年二月、**蒙蔵委員会**(注)が正式に発足し、委員長の閻錫山（えんしゃくざん）は呉鶴齢に蒙事処長への就任を要請したが、呉は固辞。四月、呉は蒙古代表団の駐京弁事処を設立し、蒙蔵委員会参事に就任した。

（注）辛亥革命後、中華民国政府は**蒙蔵院**を設置、二八年六月、蒋介石の国民政府は蒙蔵院を接収、一部の機構改革を経て二九年二月に**蒙蔵委員会**を発足させた。初代委員長は閻錫山。少数民族事務を処理する中央機関。総務処、蒙事処、蔵事処、参事室から成る。当時、多くのモンゴル王公は北平に居住していたので、直属機関として**駐平弁事処**を置き、首都の南京にも蒙古各盟旗連合駐京弁事処を置いた。

当時、内蒙にモンゴル族の政治的意見を集約する統一的な政治機構は存在しなかった。呉は国民政府の役人として蒙古政策の立案に関わりながら、盟旗を行政指導する立場に立った。

一方、保守的な王公たちは盟旗制度の改革に反対していた。シリンゴル盟副盟長で西スニト旗旗長の徳王は二九年六月、北平に盟旗王公を集めて会議を開催し、呉ら蒙古代表団の盟旗改革案に反対を声明した。ここで呉は、国民政府内の白雲梯ら一派と徳王ら保守的王公の両方からの批判にされた。

当時、南京国民政府には明確な蒙古政策がなかった。地方政府は盟旗制度を廃止し省県制の施行を主張し、一方、保守的な蒙古王公は、盟旗制度を温存し省県制の廃止を主張していた。呉鶴齢は熱河・察哈爾（チャハル）・綏遠（すいえん）の三省の廃止は不可能と判断し、盟旗制度の封建的部分を改革して、モンゴル族の自治機能の温存を目指した。

三〇年一月、蒙古代表団駐京弁事処代表の呉は蒙蔵委員会蒙事処長に就任した。五月、南京で蒙古会議を主催し、「蒙古盟部旗組織法」などを制定させた。

呉は伝統的な盟旗制度の存続を図りながら、その封建的部分を改革しようとした。しかし、牧民が暮らす盟旗と農民が住む省県の行政区域がかなり重複しており、両者間で紛争が起きた場合、牧民は省県の圧力に対抗できず、一方で盟旗王公の同意なしには進歩的法律も機能しなかった。蒙古代表団駐京弁事処は蒙古各盟旗連合駐京弁事処に改組されて、中央機関と各盟旗との連絡機関となった。

三二年一一月、蒙蔵委員会から「蒙古各盟旗連合駐京弁事処を改組せよ」との指示を受けていた徳王は、盟旗代表の改選を進めたが、当時、蒙蔵委員会蒙事処長から参事に降格されていた呉鶴齢はこれに反対した。中国に亡命していたチベット第二の活仏パンチェン・ラマが両者の調停に動いたが、両者の意見は一致しなかった。この時、蒙蔵委員会の委員長の石青陽、同委員の白雲梯らが呼応して呉に反対した。ところが白雲梯が蒙蔵委員会の委員長になろうとして石青陽に対抗したので、石は急遽（きゅうきょ）、呉と和解し、弁事処の改組は頓挫（とんざ）した。弁事処を改組し接収して内蒙の政治指導権を握ろうとした徳王の意図は失敗に終わった。モンゴル人同士の主導権争いが、なお続いていた。

一方で徳王は、内蒙の政治権力を手に入れるには基礎として武力が必要であると考えていた。三二年一〇月下旬、徳王は武漢で蒋介石と会見し、蒙古騎兵師編成計画と必要な武器の要求を提出していた。蒋は機関銃四丁と小銃数百丁を受領するよう指示した。

同年末、徳王は南京を去って、故地で高度自治運動をする決意をする。徳王の「高度自治」とは、国際外交と軍事事項は中央政府が処理するが、自治政府内の行政・経済・文化・保安などは自治政府が自決自治するというものだった。要するに、「蒙地還蒙」をスローガンにしていた。

徳王は北平でモンゴル族知識青年二〇数人を募集し、一緒に西スニト旗に帰った。

(2)徳王、百霊廟蒙政会を樹立

徳王の周辺に結集した知識青年たちの中に、北京蒙蔵学校出身でカラチン族（Харчин）の陳国藩がいた。後に徳王の秘書長、徳王政府の高官として活躍する。同じカラチン族に陳紹武［チョコバートル］もいた。ジリム盟コルチン（Хорчин）左翼後旗の韓鳳林［フフバートル］は日本の陸軍士官学校騎兵科出身で蒙古独立軍副官長だったが、満洲国の蒙古政策に失望して、徳王の内蒙自治運動に身を投じた。白雲梯や包悦卿のように国民政府の蒙蔵委員会で冷遇されていた旧内蒙古国民党関係者も徳王に協力して政治的影響力を発揮することになる。蒙蔵委員会の蒙事処長や参事を務めた呉鶴齢も、後に参加した。東北蒙旗師範学校校長の郭道甫も良き助言者だった。

徳王の西スニト旗は張家口と北モンゴルの庫倫の中間にある交通の要衝で、電報局もあった。北京政府時代、徳王は守備司令として外蒙との国境を警備する任にあり、騎兵五百から六百名

百霊廟内蒙自治運動の頃の徳王

を擁していた。内蒙で政治力を持つには武力が必要と見た徳王は、幹部を養成するため、知識青年や各盟旗の子弟から成る蒙古幹部学生隊を組織した。黄埔軍官学校出身の雲継先を総隊長、韓鳳林を分隊長に任じ、訓練した。

内モンゴルで高度自治運動を始めるにも、徳王の身分はシリンゴル盟の副盟長にすぎず、年長の王公たちに指示ができなかった。そこで「内蒙古ではパンチェン・ラマを宗教指導者にすれば、王公も民衆も結集できる」という郭道甫の助言に従い、西スニト旗に招いた。

第九世パンチェン・ラマはダライ・ラマに次ぐチベットの活仏だったが、英国の支援を受けた第一三世ダライ・ラマの圧迫を受け、二三年に中国に脱出。国民政府は彼を二九年に蒙蔵委員会委員に、三二年に西陲（シーチュイ）宣化（せんげ）使に任じ、パンチェン・ラマ駐京弁事処を設置。彼は蒙旗宣撫（せんぶ）の使命を帯びていた。パンチェン・ラマは旗内のラマ廟で冬を過ごしてから、シリンゴル盟各地を読経して回った。

シリンゴル盟盟長の索王（さくおう）は高齢で病を得ており、自治運動に乗り気ではなかったが、徳王はパンチェン・ラマの口添えで索王を説得し、シリンゴル・ウランチャブ・イフジョウの三盟が提携して自治運動を進める案を認めさせた。

先ず、衆望の高いウランチャブ盟盟長の雲王（うんおう）に先頭に立つよう要請した。雲王は、ちょうどその時、宣撫のため百霊廟に来ていた蒙蔵委員会の蒙事処長に内蒙自治の可否を尋ねた。「地方的自治の範囲であれば、中央の許容範囲である。反逆の罪を問われることはない」との回答を得た雲王は、徳王と協力して百霊廟で内蒙自治会議の招集に踏み切った。

徳王は三三年七月一二日に百霊廟会議開催を予定したが、期限内に参集の見込みが立たなかった。イフジョウ盟は綏遠省主席の傅作義の強固な地盤で、ウランチャブ盟も綏遠省の影響が強かった。徳王は二六日に延期して、やっと会議が開けた。会議参加者は計十数人だった。

会議の結果、三つの盟旗の名義で内蒙高度自治の承認と内蒙自治政府樹立の許可を求める自治通電を中央に打診し、時期を選んで第二回百霊廟会議を開く通知を出すことになった。自治通電は「人民の自治を以て基礎となし、弱小の民族を助けてその自決・自治を促す」という孫文の遺訓を根拠としていた。

自治通電の発表が伝わると、各方面で大きな反響を呼び、国内の各大新聞がこれを掲載。各地のモンゴル人が同感。特に北平のモンゴル知識青年は大賛成し呼応した。政治姿勢を異にして対立した呉鶴齢も、内蒙自治はモンゴル族の切実な要求であることを認め、自治に賛成の意向を示し、以後、徳王と同じ道を進む。

一部の外字新聞も内蒙自治の記事を掲載。北平でも売られていた英字新聞は「蒙古には自治が必要である。中国政府は蒙古民族に加えている首枷を緩める時がやって来た」と書いた。外国人や記者も西スニト旗にやって来て、祝福してくれた。第二回百霊廟自治会議にも、国内外の新聞記者が取材に訪れた。

第二回自治会議は九月二八日に開催予定だったが、一〇月九日に延期された。西陲（シーチュイ）宣化使のパンチェン・ラマが会議に参加すると、蒙旗宣化使のジャンジャ・ホトクトが要員を派遣して妨害した。第一九世ジャンジャ・ホトクトは、青海地方に転生した内蒙で最高位のラマ。国民政府は彼を優遇し、二九年に蒙蔵委員会委員に任じ、ジャンジャ・ホトクト駐京弁事処を設置し、三二年には蒙旗宣化使に任命した。

ホトクトは蔣介石・行政院・軍事委員会・蒙蔵委員会に秘密電報を打ち、「内蒙自治の背後には、資金や武器を援助して操っている輩（やから）がいる」と伝えた。

九月下旬、行政院長の汪精衛は蔣介石と内蒙自治問題を電報で協議。政府は内蒙に高官を派遣することになった。

一〇月一日、蒙蔵委員会委員長の石青陽は、徳王一派の今回の行動には「某国人及び満洲国の背景がある」と発言した。

徳王の自治通電の背後には「外部勢力」が存在するという疑惑が大きく取り沙汰されるようになった。そんな中、同月二〇日、同委員会蒙事処参事の呉鶴齢が蒙古各盟旗連合駐弁事処で記者会見を開いた。今回の内蒙自治の要求には日本と気脈を通じるような「背景」の存在を否定し、自ら蒙旗に赴いて、中央と地方との協力を促進する考えを表明した。

同月九日、第二回百霊廟会議が開かれ、会議参加者は八七名に達した。会議の主席には雲王が選ばれ、計五回の会議を重ねた。徳王が提案した「内蒙自治政府組織法案」が修正・採択され、内蒙自治政府委員長にウランチャブ盟盟長の雲王が、副委員長にシリンゴル盟盟長の索王とイフジョウ盟盟長の沙王が推挙された。徳王は会議期間中に再び自治通電を発した。

国民政府は内政部長の黄紹雄と蒙蔵委員会副委員長の趙丕簾を内蒙に特派した。彼らと徳王や雲王らは計三回の会談を持ったが、難航した。

徳王は一一月一六日、呉鶴齢が起草した「自治弁法十一条」を黄紹雄に提示した。黄は他の条項は参考にするが、第一条にある「内蒙に統一最高自治機関を設けて、内蒙自治政府と名付ける」ことを認めなかった。

徳王は統一自治機関に固執したが、交渉決裂を怖れた呉鶴齢に説得され、統一自治組織要求を一旦、断念した。統一的な最高自治機関を「蒙古自治委員会」と命名、行政院に直属して各盟・部・旗の一切の政務を管理し、経費は中央が分与することになった。

徳王は、この合意に不満だった。盟旗代表団が南京に派遣され、行政院院長の汪精衛（おうせいえい）らと会見し、内蒙自治を請願した。

三四年一月一七日、中央政治会議で「蒙古自治弁法十一条」が採択された。しかし、その内容は徳王らの求める内蒙自治とはかけ離れたものだった。蒙古自治の範囲は県が設けられていない純粋の遊牧地方だけで、大面積を占める蒙漢雑居地域は自治区域の範囲外に置かれた。各盟旗代表は一致して、この弁法を拒否した。

呉鶴齢は汪精衛と交渉を重ねた。徳王はシリンゴル盟東スニトの閑散王の郭王を派遣し、蔣介石と交渉させた。結果、三四年二月二八日、中央政治会議で、呉が起案した「蒙古自治弁法原則八項」が採択された。第一項には「内蒙の適宜の地点に蒙古地方自治政務委員会を設置して行政院に直属させ、中央主管機関の指導を受けて各盟旗の政務を総理する」、第三項には「チャハル部を盟と改称して盟と一律にする」とあった。蒙古代表者たちは受諾の意向を示した。

四月二三日、ウランチャブ盟の百霊廟で「蒙古地方自治政務委員会」の成立式典が挙行された。百霊廟（ひゃくれいびょう）［パイリンミャオ］内の廟舎に会址を置いた百霊廟蒙政会がスタートした。当初、職員は廟内で執務し起居していたが、廟内から抗議を受けて、廟舎から引き揚げ、百霊廟の東側の蒙古パオに移転した。

委員長に雲王、副委員長に索王と沙王が任命され、徳王は秘書庁秘書長に、呉鶴齢は参事庁参事長に、陳紹武は参事庁参事に、徳王の叔父のブインダライは保安処長に、包悦卿は財政委員会主任委員に選ばれた。黄埔(こうほ)軍官学校出身の白海風、日本の陸軍士官学校出身の韓鳳林、東北講武堂出身の宝貴廷(ほうきてい)らは保安処科長、保安隊の隊長や教官に就任した。

蒙政会設立後、国民政府は開設費を三万元しか支給しなかった。これを事務費や職員手当に充てると、食事代しか残らず、保安隊の経費も確保できなかった。

徳王は経常費と建設費を再三、要求したが国民政府の対応は鈍かった。九月、徳王は参事庁参事の陳紹武を蔣介石の許に派遣した。陳は、内蒙西部に日本人が進出しているけれども、蒙政会は蔣を強く支持していると伝えた。蔣は、経常費月額三万元、建築費一二万元と武器の供給を約束した。

しかし、三四年九月五日、アヘン吸飲の悪癖を矯正するため北平［北京］の自宅に帰っていた**韓鳳林**(かんぽうりん)が、中央憲兵第三団特務団に日本の特務と疑われて逮捕され、一カ月後に殺害されていたことが判明した。韓は徳王の側近として軍事面で貢献していた。蒙古騎兵師編成計画を実施し、蒙古幹部学生隊を組織した。三四年四月、蒙政会が成立すると、保安処第一科科長を務めていた。韓はよく徳王の日本語の通訳を務めたので、徳王に日本との結託を促したと誤解されたのだった。韓は蔣介石の特務組織である**藍衣社**(注)への勧誘を拒否していた。一方で日本の満蒙政策にも不満だった。徳王は国民政府に対する不信感を強めた。

（注）正式名称は「中華民族復興社」。一九三二年三月に蔣介石が組織した特務組織で、藍色の上着と黄色のズボンをはいていたので、「藍衣（らんい）社」と呼ばれた。三八年改組され、「軍統」、正式名称「国民政府軍事委員会調査統計局」が発足した。

満洲国は、徳王が内蒙西部の盟旗をまとめて満洲国に参加するか、連合政府を組織して満洲国に協力することを望んでいた。一九三四年の夏、徳王と会談した、ジリム盟ジャライト旗旗長で満洲国興安南警備軍司令官のバトマラプタンは、「日本は我々が興安警備軍を組織し、興安軍官学校を設立するのを援助してくれました。状況はわりと良好です」と伝えていた。

徳王機の前で記念撮影する徳王と李守信

　韓鳳林暗殺事件を機に徳王は、日本の力を利用しようと考えるようになった。蔣介石からの財政補助と武器援助はわずかだった。徳王は察東特別自治区の李守信の武力に依拠して部隊の拡充を図った。蒙政会保安隊長代理の宝貴廷を、チャハル省多倫（ドロン）県の李の許に派遣した。満洲国訪問を終えての帰途、三五年一二月初旬、察東警備軍司令官の李守信と初会見し、援助を要請した。李は危急の際はドロンから百霊廟に救援に向かい、徳王のために蒙古騎兵一個を編成すると約束した。李はモンゴル族だったが、モンゴル語が話せなかった。李以外は全て漢族だった察東警備軍は、蒙古馬賊の胡宝山の画策によって興安西分省警備軍から李の旧部下の蒙古兵を引き抜き合流させ、その基幹を成していた。

関東軍も当時、蒙政会を利用して地方自治政権の樹立をめざしており、李守信の軍事力によって弱体な蒙政会保安隊を支えようとしていた。

三五年一〇月下旬になると、蒙政会委員長の雲王も日本に依存するという苦渋の選択をしていた。

西北地方は有力なケシ栽培地帯で、ウランチャブ盟の草原を通って大量のアヘンが北平や天津に輸送され、売りさばかれていた。このアヘンの通過税を、蒙政会と綏遠省が争奪していた。呉鶴齢が省政府と交渉し、蒙政会が一六万元を受け取ることで合意した。

三五年一二月末、李守信の察東警備軍が「蒙古保安隊」の名義で察北六県に進駐し、外長城線以北から南京国民政府の影響力が一掃された。関東軍は、李を察東警備司令官兼察東特別自治区長官に任命した。徳王はこれを機に「蒙古自治弁法原則」第三項の執行に踏み切った。当時、チャハル部は左翼四旗・四牧群がチャハル省に、チャハル右翼四旗（綏東（すいとう）五県）は綏遠省に属していた。翌年一月二二日、関東軍と協力して徳王は、チャハル部を盟に改組して、張北にチャハル盟公処を設立した。百霊廟蒙政会の名義で、チャハル盟盟長には、元チャハル部明安旗総管で、尼冠洲（にかんしゅう）にその地位を譲ってからは蒙政会チャハル保安長官であったチョトバジャブを任命した。

三六年一一月末現在のチャハル盟の民族別人口統計（右翼四旗を除く）は、漢族四五万二八四九人、蒙古族二万八八九〇人、日本人三一一人、外国人六〇人、計四八万二一一〇人で、漢族が九三・九パーセントと圧倒的多数を占め、蒙古族は六・〇パーセントにすぎなかった（森久男『日本陸軍と内蒙工作』一六七頁）。

この頃、国民党中央委員に落選して浪々の身だった白雲梯と中央委員になる活動がうまく運ばなかった呉鶴齢らは、蒙旗に帰って来て、民族自治運動をしようとしていた。

蒋介石は呉が蒙旗地方に行くことを知ると、「日本人の西進を阻止できれば、貴殿の手柄になる」と呉を激励した。ここで日本側の呉鶴齢暗殺未遂事件が発生する。日本の特務機関は、呉が蒙旗にやって来るのは日本と内蒙との協力を阻止するため、と読んだからだ。

この殺害計画を知った徳王は、大型トラック一台の護衛隊を張北に派遣して西スニト旗の徳王府に連れて来させ、保護することにした。徳王も飛行機で張北に飛んだ。尼冠洲は先に到着しており、呉も約束どおりにやって来た。しかし、尼にはこの暗殺計画を伝える機会が持てなかった。チャハル盟公署の設立式典終了後、護衛隊を付けて徳王府に急がせた。呉は、宝貴廷の蒙古騎兵隊が駐屯する化徳[注]で一夜を過ごした。蒙古騎兵隊の関東軍顧問は呉を拘留しようとしたが、宝貴廷が阻止し、呉は無事、徳王府に到着した。呉の人物を見込んでいた天津の特務機関員が呉の助命嘆願をしていて、式典の前後に暗殺の対象から外されていたという。

(注) チャハル省当局は「徳王を化す」「徳王を消す」という意味で「化徳県」を増設したが、「蒙古軍政府」が成立すると「徳化県」に改められた。

呉の親友の尼冠洲も特務機関ににらまれ、暗殺の対象になっていた。関東軍は国民党系の蒙古要人の抱き込みを図っていたが、尼は特に関東軍に特に批判的だった。記者会見の場でも「国民党中央政府に従うよう蒙旗を宣撫(せんぶ)する」など発言していた。尼と白雲梯は張家口に戻って、春節を迎えようとしていた。二人が車で張家口に向かう途中、匪賊に変装した張家口の特務機関員は、白雲梯の車は見逃したが、尼の乗った車は阻止し、尼を車から引き摺(ず)り出し、銃殺した。

尼冠洲はチャハル盟ではよく知られた有力な人物で、チャハル盟盟長のチョトバジャブはチャハル盟公処の総務庁長のポストを用意していた。チャハル部の総管たちは驚愕(きょうがく)し、自分の旗や牧群に引き籠(こも)った。

一方、南京国民政府は、百霊廟蒙政会の日本への急接近に対抗するため三六年一月二五日、中央恭順派の王公を糾合して「**綏境(すいきょう)蒙政会**」の設立を決定した。二月二三日、設立大会が開かれ、ウランチャブ・イフジョウ両盟各旗、帰化トムト旗、チャハル右翼四旗(綏東五県)を領域とし、委員長にはイフジョウ盟盟長の沙王、副委員長にはウランチャブ盟副盟長の潘(はん)王、イフジョウ盟副盟長の阿王が就任した。

(3)徳王政権の変遷（蒙古軍政府・蒙古連盟自治政府・蒙古連合自治政府／蒙古自治邦）

蒙政会成立後、雲王(うんおう)及び索王(さくおう)と沙王(さおう)の三人の正副委員長は老齢で病気がちのため職務に耐えられず、自ずと蒙政会の行政の実権は徳王一人の握るところとなった。

徳王は内モンゴル西部で日本軍の支援を利用して、高度自治運動を進め、その行政区域を拡大し、その都度、名称を変更していった。

徳王は、名義上は国民党中央政府と通常の関係を維持しながら、一方で秘密裡に日本との結託を強めていった。日本人との接触の事実を意図的に外部へ漏らすことによって、自らの政治的安全性を誇示しながら、中央政府から譲歩を引き出した。日本との結託が明白になると、今度は蔣介石と密かに連絡を取り合っていた。日本の敗戦後はソ連とも接触し、米国に頼るようになり、「多角外交」を常としていた。

チャハル盟公処は地方政権にすぎず、他の蒙旗に命令できる統一指揮機構が必要だった。それには軍事力の拡大が先決だった。徳王は蒙政会委員長の雲王に諮(はか)った。

雲王は、「ウランチャブ盟の百霊廟よりあなたのシリンゴル盟に蒙古軍総司令部を置いたほうが連絡に便利でしょう」と答えた。綏遠省主席の傅作義の反対を怖れて、こう返答したのだった。

この案を関東軍参謀の田中隆吉に示すと、田中は「蒙古軍政府」の設立を主張した。この名称のほうが響きもいいし、政治と軍事を含むので、行政と軍隊の両方を指揮できると言った。

徳王は雲王と相談し、百霊廟の蒙政会の秘書や科長らの必要職員を自分の西スニト旗に移して蒙古軍総司令部の組織や設立の事務を手伝わせ、百霊廟に駐屯していた蒙政会保安隊も西スニト旗に移駐させて蒙古軍に編入することにした。

コルチン左翼後旗出身の韓鳳林［保安処第一科長］が暗殺されてからは、保安隊は指揮官から一般兵士に到るまで帰化トムト旗出身者が多数を占め、徳王の親日路線に批判的であった。南京軍官学校卒の雲継先［保安処第二科長］と黄埔軍官学校卒の朱実夫［保安処第三科長］に率いられた百霊廟の保安隊が三六年二月二一日、綏遠の傅作義に扇動されて反乱を起こし、武川に逃亡した。この保安隊の反乱を画策したとして白海風が逮捕された。徳王は将来有用になる人物として、釈放した。

この兵変に先だって二月一〇日、西スニト旗に蒙古軍総司令部が創設され、徳王が総司令、李守信が副総司令に就任した。五月一二日、これを改組してチャハル省の徳化に「**蒙古軍政府**」が成立し、主席に雲王、総裁に徳王が就任した。総裁の下に弁公庁、参議部と参謀部の二部、財政処・外交処・教育処など八処、顧問部が置かれた。弁公庁主任は徳王の叔父のブインダライ、参議部長は呉鶴齢、財政処長は徳古来、外交処長はトクト、教育処長の金永昌は、のちに満洲国駐在代表に転任し、後任としてニリンゴル盟東スニト旗閑王公の郭王が就任した。

　徳王と呉鶴齢は蒙古自治の確立という点では一致していたが、その方法については、意見の対立が最後まで続いた。しかし、徳王は呉の政治的手腕を高く評価し、「籠に入れれば、みな野菜」と重宝した。

　自治政府内でも、呉との確執があった。呉鶴齢は雪害救済のために「蒙古生計会」［生活協同組合 qorsiy-a/ хоршоо］を設立して会長を務めた。各地で募金し満洲国の各界にも募金を呼びかけた金永昌とトクトは「呉鶴齢の懐に入ってしまう」と徳王に不満を述べた。怒った徳王は机の上にあった湯呑みを投げて壊し、彼らを追い払った。このため、二人は呉と利権を争い、いがみ合うことになる。

「化徳県」は「徳化市」に改めた。徳王の西スニト旗に隣接する旧称「ジャブサル」を改めて「化徳県」が新設されたのだが、「化徳」と言えば、徳王がこの土地に化されることを意味した。この土地が徳王に化されると解釈する「徳化市」に改め、蒙古軍の直轄とし、李守信に市長を兼任させた。しかし、現地の人々は暫く「化徳」と呼んでいた。

　教育事業としては「蒙古学院」を設立し、郭王を院長に、内務署補佐の陳紹武に教務主任も兼務させた。また張北に「チャハル青年学校」を設けて、日本人教官を招聘し、日本語に重点を置いた教育を進めた。徳化にもモンゴル語と日本語の講習所が設けられ、職員のモンゴル語と日本語学習を奨励した。日本への留学事業も始まり、一〇名が東京に派遣された。彼らはまず「善隣協会」で日本語の補習を受けてから、日本の大学や専門学校で学んだ。

一九四一年には一度に二百人もの「徳王の留学生」を日本に派遣している。戦後、彼らは帰る国［蒙古連合自治政府］がないまま、日本に取り残された。日中国交が回復した一九七二年の時点で、名乗り出た者だけでも一八人いた（細川呉港『草原のラーゲリ』二〇〇七年一八六頁）。

蒙古軍政府成立後の最重要事項は、兵馬を整え軍隊を拡充することだった。シリンゴル・チャハル両盟各旗でも満洲国に組み入れられた内蒙東部の蒙旗でも徴兵を行なった。三六年八月中に二個軍の編成が完了し、総兵力は一万余に膨張したが、李守信は総司令のポストを徳王に奪われ、内心大いに不満だった。第一軍長は李守信で第一師から第四師までと直属砲兵隊を指揮した。李の旧部下が多く、徳王の第二軍の第五師と第六師も実質的に支配し、蒙古軍の実際上の指揮権を保持し続けた。

東北講武堂出身の宝貴廷が第四師師長に任じられた。宝は第二軍長代理として募兵に奔走し苦労し、第二軍長に発令されるはずだった。宝は李守信の正妻の従兄弟で、共に内蒙東部のトムト旗出身だった。第二軍長のポストに就くと、李の影響力が蒙古軍全体に及び、トムト旗出身者に全軍が牛耳(ぎゅうじ)られる怖れがあった。第二軍長は徳王が兼任し、第五師から第八師までと警衛師を指揮したが、総兵力は二五〇〇人足らずだった。第八師師長にはジリム盟出身の包悦卿を任じた。宝貴廷は一時徳王の暗殺を思い立ったが、李守信に説得され、思い止まった。満洲国内で応募した兵士の多くは匪賊・ゴロツキ、チンピラなど仕事をしない連中ばかりで、規律を守らなかった。中下級士官を養成するため、西スニト旗の東軍営に蒙古軍官学校を設置した。

蒙古軍政府は関東軍が謀略によって勝手に樹立した地方自治政権で、陸軍中央部に正規の予算請求ができなかった。満洲国軍政部の軍事予算や蒙古軍政府管内（特にチャハル盟）からの収入だけでは賄（まかな）えなかった。関東軍は、押収した武器弾薬を無償で供与し、関東軍参謀長の使途裁量できる機密費から支出したが、十分ではなかった。

その頃にはすでに、国民政府は蒙政会を、**綏境蒙政会**と**察境蒙政会**の二つに分割する命令を出していた。蒙政会の委員長の雲王を国民政府委員に異動させ、両蒙政会の委員の兼任を禁じ、察境蒙政会をチャハル省の徳化に移転させた。察境蒙政会はシリンゴル・チャハル両盟の関係者のみになり、委員長にはシリンゴル盟盟長の索王、副委員長にはチャハル盟盟長のチョトバジャブが就任した。徳王は、徳化の蒙古軍政府を察境蒙政会と読み替えた。のちの七月二七日、百霊廟蒙政会は廃止になった。

成立後のもう一つの課題は、満洲国及び冀東防共自治政府と協定を結ぶことだった。軍事面の課題で若干の意見の食い違いがあった。

徳王が言った――「蒙古軍政府は出来たばかりで軍事力がありません。軍事的脅威をうけた際には満洲国に援軍出兵をお願いし、脅威が去ったら、直ちに満洲国に撤兵していただけませんか」

関東軍参謀の田中隆吉が口を挟んだ――「この点で議論の必要はないだろう。満洲国と蒙古が親密に協力するという精神に基づいて、徳王の言うとおりで不都合はないでしょう」

三六年六月、共同防共、軍事同盟、代表の相互派遣、経済提携を内容とする「蒙古満洲国協定」が締結された。

蒙古軍政府は金永昌を満洲国駐在代表として、満洲国は玉春を蒙古軍政府駐在代表として、それぞれ派遣して外交関係を開始した。同時に、満洲中央銀行は徳化に事務所を設立して満洲国通貨を発行し、蒙古軍政府の勢力の及ぶ地域で流通させた。

三六年一〇月一一日、蒙古軍政府は代表として、外交処長のトクトを冀東に派遣し、冀東防共自治政府政務長官の殷汝耕と協議した結果、「政治面では共同防共、経済面では相互援助」という趣旨の協定が成立した。田中隆吉はこの協定に基づき、満洲国外交部次長の大橋忠一と交渉し、冀東防共自治政府の密貿易収入から流用して百万元を入手して、蒙古軍政府の経費に充ててくれた。

一方、満洲国では関東軍に不信を募らせる事件が起きていた。満洲国興安北省省長の凌陞（リンション）は満洲国建国の元勲の貴福の長男で、ダグール族統合の中心であった。凌陞の息子は満洲国皇帝溥儀（ふぎ）の四番目の妹と婚約していた。凌陞は三五年六月と一〇月に満洲国とモンゴル人民共和国との間で開かれた満洲里会議に満洲国側の主席代表として出席した。交渉決裂後、ハイラルにもどったところ、対ソ通敵容疑で実弟や妹婿らと共に、関東憲兵隊に逮捕された。凄まじい拷問を受け翌年四月二〇日、高等軍法会議で死刑判決を受けた。二四日、刑が執行された。他は銃殺だったが、凌陞だけは斬首刑だった。凌陞が処刑されてのち、満洲国領内の内蒙東部の王公たちは関東軍を恐れ、ひたすら明哲保身を決め込んだ。

当時、蔣介石は関東軍との軍事衝突の危険を回避しつつ、綏遠省から蒙古軍政府や関東軍の影響力を一掃しようとしていた。

一方、関東軍は綏遠作戦を進めた。三六年一月の段階で関東軍は、「綏遠省主席傅作義に対しては、関東軍と防共協定を結び協力する如く工作、中央山西と離脱せば独立政権として支援す。内蒙政府に協力せしむ」（西北施策要領）と定めていた。三六年八月、関東軍参謀部第二課の田中隆吉参謀が徳化特務機関長を兼任すると、綏東侵攻計画を立案し、実施を勝手に進めた。

前任の田中久徳化機関長と松井忠雄補佐官の組織した王道一の謀略部隊を利用した綏東進出計画は、失敗していた。田中隆吉機関長は、綏西の土豪の王英に依頼して蒙古軍第三軍を編成し、その王道一部隊の残兵を吸収し、これを漢族謀略部隊とした。

しかし、蔣介石打倒を掲げる王英軍と徳王は同一行動を取るわけには行かなかった。両者は出師の名分を別にし、百霊廟は蒙古軍第七師で確保し、蒙古軍は第二線の予備部隊として後方で督戦することになった。察境蒙政会委員長名義の徳王と傅作義の間で電報による非難の応酬が行なわれた。

王英は綏西一帯の支配を企てたが、ホンゴルト攻略に失敗した。傅作義軍の百霊廟攻略に持ちこたえられず、放棄し、シャラムリン廟に退却した。一二月八日、王英軍の石玉山の騎兵旅が傅作義軍に投降し、同日深夜、シャラムラン廟内で金憲章の旅団が反乱を起こし、蒙古軍第七師の多くの将兵が死傷し、特務機関員らの日本人二九名が殺害され、翌日、廟は反乱軍の手に落ちた。

三六年一二月一二日、張学良が蔣介石を逮捕するという西安事件が発生したため、窮地を救われた。二一日、ノイローゼ状態の田中機関長は新京に召還された。

蒙古軍第七師の師長ムクドンホは解任された。徳王は軍事機構を強化するために、蒙古軍政府の下に改めて蒙古軍総司令部を設け、総司令に徳王がなり、副総司令には李守信が就任した。東北講武堂出身の烏古廷（ウコテイ）を主任参謀［のちに参謀長］に任命した。

三七年二月一三日、関東軍の板垣参謀長は梅津陸軍次官に「内蒙古軍改編並に経費に関する件」を打電した。蒙古軍政府は、陸軍中央部の統制に服することを条件に、陸軍中央から正規の経費支出を受ける公認の存在となった。

盧溝橋事件の発生に乗じて、三七年七月、傅作義軍が再び侵攻、蒙古軍政府は徳化から一時撤退、ドロンのラマ廟で執務を執った。八月下旬、日本軍が進攻、傅作義軍は察北と綏東から撤退を開始した。

徳王は蒙古軍政府の人事の若返りを図り、調整し、トクトを弁公庁主任に、陳紹武を内務処処長に任じた。徳王の叔父のブインダライは弁公庁主任を解任されて不満を漏らしていたが、のちにバインタラ盟の盟長に任命されると、文句を言わなくなった。

蒙古軍は綏遠に進攻、日本軍の到着を待って、一〇月一四日に綏遠城、一七日に包頭を占領した。日本軍は「察南自治政府」と「晋北自治政府」を成立させた。

これを機に徳王は呉鶴齢の意見を容れ、「**蒙古連盟自治政府**」を組織、樹立することにした。首府は帰綏改め厚和。三八年三月、主席就任予定だった雲王が病死した。主席兼政務院長に徳王、副主席に李守信が就任し、同年一〇月二八日、蒙古連盟自治政府が成立した。李は蒙古軍総司令を兼ね、呉鶴齢を参議会議長、トクトを総務庁長、徳古来を財政部長に任じた。呉はその後、日本に留学した。

自治政府はモンゴル固有の疆土を以て領域とし、ウランチャブ盟、シリンゴル盟、チャハル盟、バインタラ盟、イフジョウ盟及び厚和・包頭両市を統治区域とした。

この新政府誕生について日本の『東京朝日新聞』は昭和一二年（一九三七）一〇月二六日付の同紙第一面で、「七百年の夢に警鐘　甦る大蒙古帝国　新政権樹立の日來る」という見出しで、雲王・徳王・李守信の写真も掲載し、徳王を盟主とすると伝えている。

連盟自治政府成立後、徳王は度々、日本側と「衝突」したが、最大の「衝突」は「蒙疆連合委員会」の設立を巡るものだった。察南と晋北は純粋な漢人居住地域、蒙古連盟自治政府管内はモンゴル族居住地域と蒙漢雑居地域から成り漢族人口の方が多く、財政基盤も漢族の居住する農村地帯にあった。この三つの政権は平綏線沿線に位置し、交通・金融・産業の面で密接な関係にあり、蒙古連盟自治政府のみでは自立が困難であった。日本軍司令部は蒙疆三政権を一体化し、経済上の掌握を図った。

駐蒙軍司令部と蒙古連盟自治政府最高顧問の金井章次の指示で、三政権は代表を送り、三七年一一月二二日、協定が結ばれた。連盟自治政府からは日本側の指名でチョトバジャブ・トクト・金永昌が委員として派遣されていた。このあたりから、総務庁長のトクトは完全に駐蒙軍側に立つようになったと徳王は見ていた。蒙疆連合委員会は、三つの政権を凌駕する機関になって、公然と指示を出すようになった。

(一)D　第一萬八千五百五十號　THE TOKYO ASAHI S

津田、福井部隊の奮戰

閘北殲滅の肉彈戰

陸戰隊北停車場に迫る

海軍機も大爆撃

【上海にて今井、中村兩特派員二十五日發】

七百年の夢に警鐘

甦る「大蒙古帝國」

新政權樹立の日來る

【綏遠特電二十四日發】

政權

德王

帝國

【上】雲王
【中】德王
【下】李將軍

『東京朝日新聞』1937年10月26日

徳王は三八年一〇月、初めて訪日した。察南・晋北両自治政府の代表と共に、蒙古連合自治政府からは李守信も同行し、金井章次も随行した。

訪日第一日目からの揉め事は、日本側が一貫して「蒙古」の代りに「蒙疆」という名称を使ったことだった。金井章次が事前に工作していたのだった。

徳王は日本留学中の呉鶴齢と相談としているうちに、自治政権の拡大あるいは独立には二つの案があると思いついた。第一案は、現在の蒙古連盟自治政府を基礎に外長城以北の純蒙旗地域へ拡大していき、外長城以南の漢族が多く居住する察南・晋北地域を放棄し、政権をさらに拡大して、いずれ独立する。第二案は連盟自治政府を基礎に察南・晋北両政府を吸収して政権を拡大して、いずれ独立する。呉は第二案を主張し、徳王は第一案を良しとした。第二案の方が比較的実現しやすいと思って、徳王は陸軍大臣の板垣征四郎に第二案を甲案、第一案を乙案として提出した。数日後、「蒙古の独立建国問題は時期が熟さず、条件が備わっていません。外蒙古を回復し、内蒙古と外蒙古の統一を実現した上で、はじめて蒙古の独立建国の手助けができます。これは我が大日本帝国の蒙古に対する国策であり、みなさんにも信じて頂きたい」と板垣は回答した。大蒙古主義の夢を抱かせるものだが、北モンゴルに侵攻、占領して北上し、シベリアに至る野心が日本軍部にはあったのだ。帰国後に来た呉からの手紙によれば、板垣は甲案に同意し、張家口の駐蒙軍司令部にその実行を通知したと言う。

徳王の一行は準国賓待遇を受け、徳王はモンゴル服の正装、李守信は陸軍中将の肩章を着けていた。天皇に拝謁して、徳王は勲一等旭日章を、李は勲二等瑞宝章を叙勲した。現地の軍司令官らには勲一等の叙勲者はいなかった。徳王はよく勲一等を佩用して軍司令官らを訪問した。彼らはこの論功行賞に不満を漏らした。

この訪日は「蒙古の王様」ということで日本国民の印象を深め、徳王も満足げだった。

日本から帰国した徳王は張家口の駐蒙軍司令部に蒙疆連合委員会に反対する公文書を送った。まもなく司令部に出頭するようにとの通知を受け取った。

出頭すると、蓮沼駐蒙軍司令官は徳王に連合委員会の総務委員長就任を要請した。「蒙古」を「蒙疆」と改称すれば、中国の辺境であって、独立した蒙古の政権ではなく、中国に隷属する地方政権を意味することになると、徳王は説明した。委員になっていたトクトが通訳した。

同席した金井章次が曲解して言った——
「『蒙疆』の疆域という意味だ。察南・晋北を包摂する新政権を代表して、民族協和の役割を果たすことができる。すでに『蒙疆』の二字は日常用語として定着している。あなた方蒙古はいつまでたっても蒙古で、『蒙疆』の二字を援用しても、蒙古がなくなる訳ではありません」。

トクトが李守信を伴ない、説得にやって来た。徳王は折れた。

三九年四月二九日朝、「推挙」という形を取るものと思って司令部に赴くと、蓮沼軍司令官が徳王を総務委員長に「任命」すると宣言した。

宿舎に戻った徳王はウィスキーをあおり、泥酔した。訪れたトクトを殴り罵倒した。トクトは「自分も事前には知りませんでした」と弁解し、隙(すき)を見て逃げ出した。

徳王は暫く日本の言いなりになって、いずれ再び蔣介石に身を寄せようと考え始めた。脱出のルートさえ考えていた。脱出と決めた以上、「離縁された嫁は、仔牛の乳を心配しない」という心境だった。

徳王は三九年六月一一日、察南・晋北両自治政府代表と共に蓮沼軍司令官に三自治政権が合流して、統一新政権を樹立したい旨を告げた。

九月一日、張家口(ちょうかこう)［(漢)チャンジャカオ／(露)ハールガン］に**蒙古連合自治政府**が成立した。察南自治政府は察南政庁に、晋北自治政府は晋北政庁に格下げされたが、機構は従来のままに保持された。蒙古連盟自治政府のみが廃止されてしまい、蒙古連合自治政府はシリンゴル・チャハル・バインタラ・ウランチャブ・イフジョウの五盟を管轄下に置き、厚和市はバインタラ盟の、包頭市はウランチャブ盟の管轄下に置かれた。

同日付の『東京朝日新聞』は第二面で、「蒙古聯合自治政府　けふ晴れの誕生　三政権を打つて一丸」という見出しを付け、主席の徳王と二人の副主席の写真も掲載した。

関東軍は三八年七月に張鼓峰事件、三九年五月から九月にノモンハン事変を惹き起こし、ソ連に惨敗を喫していた。

蒙古聯合自治政府 けふ晴れの誕生

三政權を打って一丸

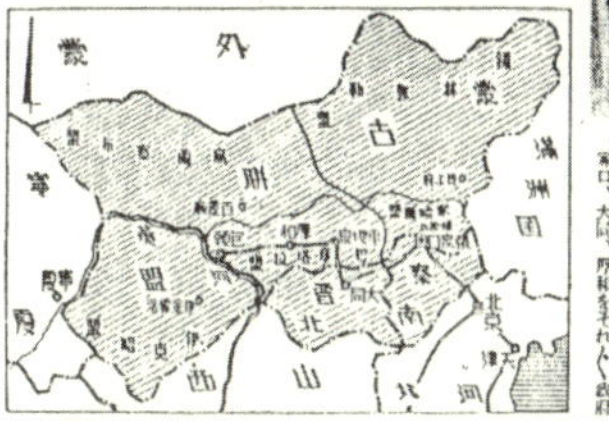

新政府組織大綱

政治綱領

貿易省實現を期待（藏相語る）

主席は德王

明年度豫算

地方長官會議 國策決定後招集

『東京朝日新聞』1939 年 9 月 1 日

連合自治政府主席には徳王が就任し、金井章次が対等の地位の最高顧問に就いた。政務院院長にチョトバジャブが就き、李守信は蒙古軍総司令と参議府議長を兼任し、呉鶴齢を参議に特任し、トクトを司法部長に任じた。

政務院の直属機関として日本に忠実な中下級職員を養成する蒙疆（もうきょう）学院があり院長も副院長も日本人で、民政部の直属機関としては蒙古学院があり、院長は蒙疆連合委員会委員の金永昌が兼任した。全額政府出資の特殊会社の**蒙疆銀行**(注)があり、総裁には包悦卿が就任した。

(注) 蒙疆銀行は蒙疆地域の中央銀行。関東軍は一九三七年九月、満洲中央銀行の人員を張家口に派遣して察南銀行を設立し、察南銀行券を発行して、新占領地の貨幣整理に着手した。占領地の拡大につれて、察南銀行の支店が各地に新設された。同年一一月、蒙疆連合委員会は蒙疆地域全体の幣制統一のため、察南銀行を改組して、蒙疆銀行を設立した。

この間、徳王は蒙古建国を諦めたわけではなく、秘書の陳国藩（ちんこくはん）を満洲国経由で日本に入国させる証明書を手に入れて、呉鶴齢と蒙古自治国樹立の活動を行なわせた。陳国藩が所持した草案は、連合自治政府経済部長の徳古来が徹夜で書き上げたものだった。

徳王は蒙古連合自治政府への改組に当たって、厚和に「蒙古自治国」の樹立を意図し、せめて「**蒙古自治邦**」という名称を用いるよう駐蒙軍に要求した。呉鶴齢も「蒙古自治邦」の樹立を要求すべきだと考えていた。四〇年八月、駐蒙軍は対内的に「蒙古自治邦政府」と呼ぶことを正式に承認した。

この名称変更は、モンゴル族の間では「蒙古独立の前兆」とか「大蒙古建設の希望は軌道に乗った」とか言って好評であったが、漢族の有識者たちは不満で「日本の極めて巧妙な政策」と見なす者もいた。次第にこの名称の既成事実化が進み、「蒙古自治邦政府」の名称は正式な公文書でも使われるようになった（森久男『徳王の研究』一七五頁）。

首都は張家口だが、蒙古軍総司令部は依然として厚和に置かれていた。駐蒙軍の総司令部も厚和にあるから蒙古軍を一手に指揮し易く、徳王政府の軍事と政治を切り離すことができたのだ。しかも駐蒙軍は、李守信を副主席にして張家口に常駐させた。四三年九月一日になって張家口に蒙古軍連絡部を置くことだけを許した。蒙古軍の張家口駐在所のようなもので、実権のない有名無実の機関だった。

自治政府や機関の幹部は署名するだけの傀儡（かいらい）になっていた。四一年春に日本から帰国した呉鶴齢を政務院長に任命し、チョトバジャブを参議府議長に転任させた。チョトバジャブはチャハル盟盟長も兼ね、政務院の事情には疎かった。バインタラ盟盟長で最高法院長の徳王の叔父のブインダライは蒙古の元老を自認して政務院長の地位を手に入れようとしていたが、蒙古建国には現実主義者の呉の手助けが必要だった。

日本側は軍事面でも政治面でも蒙疆を支配していたが、経済面では「大蒙公司」や「蒙疆畜産公司」を設立して、家畜毛皮の買付けや日用品の輸送・販売で高額の利潤を得ていた。「家畜搬出取締法」［三九年一〇月一〇日公布］は家畜の蒙疆地域外への搬出を自治政府の許可制とし、家畜統制を強化した。「糧穀管理令」［三九年一二月一〇日公布］は、蒙疆地域で生産される主要食糧の集荷・販売・輸送については、政庁長官・盟長・産業部長に強大な権限を与え、漢族居住地域を中心に過酷な食糧供出を強行した。

呉鶴齢は従来の「蒙古生計会」の整理を進め、四〇年一二月二八日、「蒙古生計ホリシャ大綱」を制定した。翌年春から蒙古生計会の下にホリシャ部（qorsiy-a/ хоршоо）を全ての盟旗に設けて、毛皮の買付けや日用品の輸送・販売をする業務を経営した。さらに呉は「蒙旗建設十箇年計画」を起草し、新しい模範村の建設を進めた。

また呉は蒙古留日予備学校を設立して日本に留学させ、連合自治政府に忠実な人材の養成を図った。

しかし、呉の活動に、司法部長のトクト、最高検察庁長の金永昌、前政務院長のチョトバジャブ、徳王の叔父のブインダライらは不満を抱いていた。トクトは「蒙古生計会」の内幕を、駐蒙軍の岡村参謀に密告した。岡村は呉の政権掌握と烏古廷（ウコテイ）の軍権掌握を早くから疑問視していた。呉の妹婿の烏古廷が蒙古軍区総司令部の参謀長に就任すると、李守信と呉の間にもわだかまりが生じた。烏古廷とその四番目の弟が徳化一帯で大量のアヘンを購入し車で張家口に運んで来たところを、日本憲兵隊に押収された。徳王は宝貴廷を烏古廷の後任の参謀長にした。

駐蒙軍司令部は一旦、ブインダライを政務院院長に就任させたが、徳王がすぐに要請を受けて、政務院院長を兼任することになった。徳王は政務院の下に四長官を新設し、呉を内務長官に任じた。しかし、トクトらの攻撃と駐蒙軍から脅迫に遭い、呉は四五年三月、北京に去った。

四一年一一月、金井章次が更迭された。金井は頭越しに満洲国から新しい日系顧問を呼び寄せて新旧日系顧問の対立を招き、徳王との関係も険悪化していた。比較的リベラルな大橋忠一が満洲国外交部（次長）から最高顧問に着任すると、徳王は実権を握れるようになった。

大橋は金井と違っていた。モンゴル民族を重視すると言明し、着任早々、トラックで純蒙地帯を視察し、蒙疆銀行総裁を更迭するなど辣腕（らつわん）を振るったが、関東軍の出先機関や中央からは不満を買った。

四五年四月現在、徳王政権下の蒙古軍は九個師とその直属の騎兵隊と砲兵隊、各市・各県の警備隊としての一六個旅団、各盟旗所属の保安隊五個警衛師があった。しかし、士気も装備も不十分で、特に満洲国の各旗で募集した兵士の多くは匪賊、ごろつき、チンピラなどばかりで軍律は守られず、員数合わせに悪質な古参兵を徴兵すべき旗民の身代わりにするなど、編成も杜撰（ずさん）であった。

蒙古軍を拡充する資金として、駐蒙軍は蒙古軍総司令の李守信に大量のアヘンを提供していた。（森久男訳『徳王自伝』）

内モンゴルでの**アヘン専売**は満洲国のアヘン専売機関「大満号」が担当していた。例えば、四一年度の取扱高は三億元［当時の日本で一億五五〇〇万円、現在の物価で約五六〇億円］だった（二〇〇八年月一六日付『朝日』夕刊）。収益は莫大であった。

中国西北部は有力なケシ栽培地帯で、綏遠省［主席は傅作義］の主要な財源だった。省が盟旗地方で徴収する各種の地方税は盟旗にその若干割を分与することになっていた。しかし、綏遠省政府はこの規定を守っていなかった。

そこで徳王は、一九三五年春、蒙政会保安隊を派遣して、綏遠省のアヘン輸送車を差し押さえた。

呉鶴齢はアヘン通行税の分配について綏遠省と協議し、同年一〇月三一日、蒙政会に一六万元を分与することで、一旦(いったん)、合意した。しかし、蒙政会財務委員包悦卿は、この金額で満足しなかったので、協議は不調に終わっていた。（『徳王自伝』七五頁、森久男『日本陸軍と内蒙工作』九五頁）

(4)徳王の二度目の日本訪問

四一年二月、徳王は二度目の日本訪問を行なった。金井章次や李守信ら二〇余名が随行した。目的は蒙古連合自治政府を自治国として承認させることだった。近衛首相に「蒙古建国促進案」を直接手交し、自治国として承認を要望した。しかし、それまでの約束も空手形になっていた。

天皇に謁見した際、徳王は長い蒙古服にチョッキという身なりだった。一部の日本人は羽織ぐらい着るべきだと、無礼を陰で非難した。外相の歓迎の宴で松岡外相は慣例のスピーチを省略し、ただ「蒙古万歳」と言って祝杯しただけだった。

不機嫌だった徳王を、旧仙台藩伊達家が招待し、専用の特別一等寝台車一輛で飯坂温泉、松島の観瀾亭、花巻温泉に泊まり、盛岡まで旅し、善応寺の「蒙古の碑」に参拝した。

この寺は元々、塩釜街道の安養寺跡にあったが一七二三年、宮城野の地に移跡し、「蒙古の碑」は二回目の元寇の翌年の一二八二年に無学祖元が養子の清俊に命じて建立した。徳王はこの碑を訪れ、松を手植えした。今も「徳王卿手植えの松」として存在する。

徳王一行は各地で市民の歓迎を受けたが、花巻温泉でウィスキーの角瓶をラッパ飲みするやら、随行者と蒙古相撲を取るやら、大荒れして、鬱憤を晴らしていた。徳王は暗澹たる気持ちで帰国した（中嶋万蔵「徳王とともに」『日本とモンゴル』第六巻第四号）。

四二年初頭に、東条首相は大東亜共栄圏の首脳を招いたが、徳王はこれに出なかった。東条は張家口に飛び、徳王を慰撫するために、親衛隊用に歩兵銃五百挺を贈った。

四三年一一月五日から六日にかけて、「大東亜会議」が東京で開催された。インドから「自由インド仮政府」首班のチャンドラ・ボースがオブザーバー参加し、会議後に参加国から独立

仙台・善應寺の「徳王卿手植えの松」(2012 年 4 月 29 日著者撮影)

国家として承認を受けた。しかし、蒙古連合自治政府の徳王にはオブザーバーとしても招待を受けなかった。蒙疆政権はまだ建国されていない、というのが理由づけだった。民政部長の松王を代表、ジャチスチンを通訳とし、蒙疆地区名義で参加した。のちに開かれた大東亜経済会議には財政部長の徳古来を派遣し、出席させた。

(5)皇民化教育

民族協和を掲げながら各民族の離間を図り、民族それぞれを日本に同化させる皇民化教育が進んでいた。

一九三九年九月一日、張家口に開校した「蒙疆学院」は官吏の養成を目的とする全寮制の高等教育機関で、現職の官吏と教員から選ばれ、日本人・蒙古族・漢族・回族の各班に設けられていた。教科内容には興亜精神論が含まれていた。

小中学校で日本語の授業時間は週に七ないし一〇時間を占めたが、漢語やモンゴル語は二ないし五時間にすぎなかった。モンゴル人生徒だけを収容する学校では、日本語とモンゴル語のみに学習を限定して漢語を学習させず、漢族の生徒だけを収容する学校では、日本語と漢語のみに学習を限定してモンゴル語は学習させなかった。この他に社会人に対しては、民間人や教育界その他の団体が日語学校を各地に設立し、教員や官吏、一般人を対象とした日語講習会が随時、開催され、日本語を普及させていた。

当時、張家口の「西北研究所」の文科系主任だった藤枝晃は、「蒙古善隣協会(注)」本部近くにあった「回天女塾」の教育の実態を伝えている――「そやから、日本語は上手ですわ、ここの女生徒はね。何度もここの女生徒の日本語劇を見せられましたがね、一回は見られる。しかし同じもん二回見たら、もう見られへん。かわいそうで、かわいそ腕、猿芝居やらされているみたいでね」（本田靖春『評伝今西錦司』一七二頁）。

学校では毎朝、日本国旗の掲揚式を行ない、東方に向かって遥拝させられた。日本軍の歩哨所を通り過ぎる際には敬礼し、日本の神社の前を通る時にもお辞儀をして敬意を示さなければならなかった。張家口では毎月一日と一五日に「蒙疆神社」参拝が行なわれていた。

日本の将官級の軍人が死ぬたびに必ず慰霊祭が行なわれ、自治政府機関や団体の職員、学校職員などの参加が強要され、市民も参加させられた。

北白川宮能久親王の孫の永久親王は、当時、宮川参謀の通称で駐蒙軍司令部に勤務していた。四〇年九月四日、張家口の清河(せいが)橋の側で防空演習観閲中に事故で飛行機が墜落し、宮は押し潰されて死亡した。駐蒙軍司令部は「金枝玉葉の身でありながら、蒙疆各地を転戦されて名誉の戦死を遂げられた」と称して慰霊祭を行なった。さらに四一年九月四日、蒙疆忠霊顕彰会は永久親王の御戦績碑を建て、一〇月六日には蒙疆神社に祭神として鎮座された。現地人は、この清河河畔の記念碑にお辞儀と黙祷を強要された。

（注） 笹目恒雄(ささめつねお)が設立した「日蒙協会」が発展的に解消されて、一九三四年一月設立。近隣諸

民族との融和親善を図り、相互の文化の向上に寄与することを目的とした。蒙古善隣協会は関東軍の別働隊として文化工作に従事し、内蒙古で教育活動と医療事業を行なった。日本国内では留学生を収容する善隣会館を設置するなどの受け入れ事業と調査出版事業を行なった。

(6)大戦末期の駐蒙軍

駐蒙軍は関東軍ではなく、北支那方面軍の戦闘序列に属していた。第二六師団（歩兵師団）を基幹に、独立混成第二旅団と騎兵集団が追加配備されていた。騎兵集団は包頭、固陽、サラチの防衛を担当し、一九四二年末に戦車第三師団に改編されて包頭に駐屯した（『徳王自伝』四七三頁）。

兵力が最も充実した四二年頃には全兵力が約四万五千人であったが、実際の駐蒙軍の兵力展開は「南部の漢族居住の農・商地区の治安維持、オルドスの傅作義軍及び共産八路軍との対峙が主力でモンゴル族遊牧の草原地帯には駐屯していなかった。僅かに徳王府警護のため西スニットに一個小隊が居た」ぐらいだった（橋本光寶『モンゴル・冬の旅』一三四頁）。

戦争末期になると、精鋭部隊は転用され、新編成の補充部隊に替えられて、戦力は弱体化した。

四四年四月、駐蒙軍から基幹兵力の抽出が始まった。まず四月当初には戦車第三師団が、七月には第二六師団が異動した。替わって臨時編成の警備部隊が守備任務に就いた。この間、兵力不足を補うため、蒙古軍、警察隊、盟旗の保安隊などの現地の武装勢力を含めた大規模な編成改革を進めていた。

太平洋戦争の敗色が濃くなった四四年秋、蒙古軍の拡充を巡って自治政府内に権力争いが激化、呉鶴齢と烏古廷が徳王から軍政大権を奪おうとした。徳王は呉を内務長官から解任した。呉は張家口を去り、北京に帰った。

四五年三月一五日、大同で第四独立警備隊の編成が完了した。各地の警備隊の守備地域を大幅に縮小し、兵力を張家口及び京包線沿線に集結させた（森久男『徳王の研究』一八三頁）。

同年八月一五日、駐蒙軍は張家口の地下陣地に保管してあった武器弾薬を蒙古軍に提供する旨を徳王と李守信に連絡した。しかし、蒙古軍主力は張家口から遠く離れた厚和［フフホト］に駐屯し、しかも、張家口と厚和間の鉄道は八路軍よって切断されていて、その武器弾薬を蒙古軍は手に入れることができなかった（森久男訳『徳王自伝』三一〇頁）。

なお、四五年八月のソ連・外蒙連合軍進攻当時の軍司令官は根本博中将で、八月二一日朝まで抗戦を続行するという根本の叛命のおかげで、内モンゴルの日本人居留民四万人は奇跡的に脱出することができた（稲垣武『昭和二〇年八月二〇日・内蒙古邦人四万奇跡の脱出』）。満洲国の邦人の脱出行は悲惨を極めたが、「蒙疆の場合は、まさに奇跡の脱出というべきだろう。このみごとな撤退作戦をだれが決断し、指導したのかは、わたしはしらない。大使館と駐蒙軍司令部、蒙古自治政府の合作によるものであろう」（梅棹忠夫『回想のモンゴル』一〇八頁）。

一九三八年末頃から国民党軍に代わって、八路軍は、晋察冀辺区や晋綏辺区などに根拠地を設けて、駐蒙軍と遊撃戦を展開した。四〇年九月には攻勢に出て、駐蒙軍警備隊に大打撃を与えた。しかし、四一年と四二年に駐蒙軍は北支那方面軍と協力して積極的な討伐作戦を実施し、八路軍は支配地域を縮小した。

（7）徳王の北京行き

四三年頃から八路軍は日本軍支配地域に対して、政治的軍事的工作を活発化させていた。四五年四月になると、八路軍は現地武装勢力に寝返りを促す政治工作を始めた。同年八月、八路軍は張家口と厚和間の鉄道を切断し張家口への包囲網を狭め、接収準備を始めていた。

四五年八月九日、ソ連・モンゴル人民共和国連合軍の機械化部隊は、一斉に満洲国と内モンゴルに進撃を開始した。駐蒙軍の独立混成第二旅団は、張北・張家口間の「日の丸峠」に陣地を構築して迎撃体制を整えた。

八月九日、徳王は根本博駐蒙軍司令官に呼び出されて、午後一時、司令部に出向いた。当時、徳王には四人の秘書官がいた。教育担当の詩人サイチョンガー、事務担当のツェレンドルジ、徳王の縁者ワンチャップ、政治関係担当のゴムボジャブで、秘書長はカラチン出身の陳国藩だった。陳国藩は「非常に聡明な人で、日本語が上手であった」が、同行を渋った。陳は「日本人との通訳をやっていると、ただの通訳ではなく、相手の日本人とケンカになってしまうので、通訳はもうイヤになっていた」のだ。以下は同行したゴムボジャブに拠る（ハンギン・ゴムボジャブ（談）「日本の敗戦と徳王」）。

根本司令官は、日本の敗戦を告げてから、語った——「今、私は主席に親友として申し上げますが、今日から日本軍の統制は一切なくなりますので、今後のことは主席のお考えによってすべて決めていただきたい。

私の見るところでは、蒙古には三つの道があります。第一はソ連、外蒙と一緒になること、第二は蔣介石と交渉すること、もう一つは八路軍です。どれを選ばれるかは、閣下の御自由です。

非常に残念なことは、日本は蒙古を援けたいと思いながら、大東亜戦争のために援けることができなかったばかりでなく、何年も迷惑をおかけしたことです」

司令部から戻った二人は秘書長の陳国藩と三人で今後のことを話し合う。

陳は、再び「我們中国人」とは口にしたくないと言い、徳王も「中国の下に入って、自分は中国人だということは恥づかしい」「中国の大使がモスクワで何かやっており、国際的にどういうことになるか、自分にはまだわからない」と言った。二人は「ソ連と外蒙が入って来たら、一切抵抗はしない」ことで一致し、徳王は続けて言った——

「外蒙の態度はどうか、これが問題だ。これで本当に蒙古を再統一することができるかどうか、これが問題だ。それができなく、また国際的な圧力で再び中国のなかに入るようなことになれば、私はまだまだ高度自治のために戦わなければならない」「ただ彼らにいいたいのは、内蒙人は外蒙と合流して一つの国になる道が開けたことを喜んでいること、また、われわれは心から日本と協力して外蒙に反対したことはない。これだけは、外蒙にわかってもらわなければならない」

閣議が招集され、一五、一六日頃まで毎日毎晩、会議が続いた。呉鶴齢が言った——

「まあ、外蒙と内蒙が一緒になることはよいが、国際的にということになるかわからないから、日本軍の助けを借りて交渉しましょう。私の考えでは、中国人にたいしては、われわれは長年の経験があるから、交渉するのは簡単だが、国際的にどういう交渉ができるかが問題だ。主席はぜひ北京に行かれるのがよい。今は、中国は共産党の問題があるから、蒙古に対して力を使う余裕はない。これは私にはよくわかっている。八路軍とは何も交渉できることはない」

これに皆が賛成し、方針が決まった——

「蒙古軍をチャハル正藍旗の砂漠と林のあるところに集める。そこに政府を移し、そこに拠って、外蒙に対しては戦わないで、われわれの今までの日本との関係につき、本当のことを伝える。八路軍が来たら、戦わずしては降伏しない。われわれには対抗するだけの力はある。それによって何かの交渉を試みることもできよう。それにはまず第一に外蒙の態度を知ることが必要であり、なお国際政治情勢、また中国の出方をも知らなければならない」

八月一五日、日本の降伏が正式に発表になった。八路軍の連絡員が李守信の許を訊（たず）ねて来て、共産党への投降を勧めた。徳王の許に蔣介石から電報が届き、既往を咎めないから、持ち場を守るように伝えてきた。徳王は、蔣とは手切れせず、密かに連絡を取っていたのだ。

パルタ王の息子の敏殊爾も張家口にやって来た。彼はロシア語がよくできた。「閣下が中央政府と連絡なさりたいのなら、私から連絡します」と言うと徳王は、「今知りたいのは、モスクワでの中国大使の交渉がどういうことになっているのか、国際的にどのような状況にあるかということです。そういうことを知らせていただければ有り難い」と答えた（ゴムボジャブ談）。

日本に亡命する道は閉ざされていた。今や日本は敗戦国なので、身柄引き渡しを求められれば、日本は徳王らの身柄を引き渡すしかないだろう。

呉鶴齢は、頻りに北京行きを勧めてきた。徳王は以前から、北回りルートで重慶に脱出することを考えていた。西スニト旗から北モンゴル国境まで一晩で辿（たど）り着き、一旦、モンゴル人民共和国に入国し、さらにソ連経由で重慶に向かうというものだった。しかし蔣介石は北回りルートで重慶に呼ぶことをなかなか認めなかった。蔣は徳王がそのまま外蒙かソ連に留まるのを怖れていた。

徳王の北京行きには、陳国藩やゴムボジャブら青年職員たちが、「今更、国民党の道具になることはない」と反対していた。徳王は自治政府内に北モンゴル系のモンゴル人が潜入していることに気づいてはいたが、特に詮議はしなかった。徳王の秘書官のゴムボジャブに拠ると、「共産党の人も二、三人はいた」らしい。

O・ラティモアに拠れば、「日本の内蒙古占領下でも、モンゴル人民共和国と連絡を持つ共産党員だと解かっている人々を数人補佐役にしていた。彼はある人物がマルクス主義者であるか、なにか別の政治的信条をほうじているかには、全く関心がなかった。彼にとって唯一の要件は、蒙古民族の統一と将来に心を寄せている人か否かであった」(『徳王自伝』四六五頁)。

北モンゴル側の態度がまだよく判らない。徳王は、八月一六日、張北のソ連・外蒙連合軍の許に連絡員を派遣したが、通信連絡が途切れていた。一九日になっても音沙汰（おとさた）がなかった。交渉の内容は「外蒙の態度を知ることと、外蒙が内蒙を統一することができたら、張家口にいる蒙古人が皆蒙古に帰りたがっているので、その道を明けてほしい。徳王自身も蒙古に帰って一蒙古人として暮らしたい」ということだった（ゴムボジャブ談）。

派遣されたのは、連合政府参議府秘書長の陳国藩ら三名だった。彼らは駐蒙軍司令部に連絡し自動車で前線を潜り抜け、張北に辿り着いた。しかし、彼らは身分証明書も連合政府発行の証明書も持って来なかった。来意を説明すると、ソ連軍のワシリー上佐［大佐と中佐の間］とモンゴル人民共和国軍のセンド少将は言った。

「あなた方はこれまでソ連・外蒙古と連絡を取ったことがなく、今も具体的なことは何一つしていません。また、あなた方代表の身分を示す証明書も携帯していません。日本が無条件降伏したとはいえ、前線部隊は、なお対峙状態にあります。まったく国際間の交渉をないがしろにしています。あなた方を代表として認められない以上、捕虜扱いしかできず、とりあえず勾留します」（『徳王自伝』三一二頁）。

この辺りの経緯を、「ビレクト手記」は、陳国藩の夫人ルスマーからの直話として伝えてくれる。

「南モンゴルを再び中国に服属させないために、北モンゴルかアメリカと結ぶための外交団を派遣することになりました。北モンゴル行きには陳国藩が任命され、乗物、荷車、書類を用意しました。陳国藩自身は東モンゴル方言を話し、ハルハ・モンゴル語はわからないので、トモルドシという人を連れて行きました。この時は張家口での戦闘は終わっていたので、車でどうにか峠を越えられました。すると　突然、ソ連兵が現れて停止させられました。訊問されても話が通じないので、身体検査されて、所持品全てを奪われ、日本の天皇からの恩賜（おんし）の時計も取られてしまいました。銃で突つかれて、隊長に会わせるまで、部落の野菜貯蔵用の穴蔵に監禁されました。二、三日、拘禁されてから、処刑されるのか、追い立てられて行く途中、数人のモンゴル人将校に、ばったり出遭いました。状況を訊き知って、彼らは自分たちの保護下に置いてくれました。この将校たちはこちらの状況をわかってくれたけれども、何か手配してくれる様子はなく、徳王府に行って見ようということになった。当惑して徳王府に行くと、徳王は待ち切れずに、北京に行ってしまってました。陳国藩が自宅に行って見ると、家族も北京に移っていました。かくして政府も家族もなくなったので、そのモンゴル人将校たちは北モンゴルに一緒に戻ろうと言ってくれました。北モンゴルに行けば、任務を果たせる可能性もあるという忠告に従って、一九四五年九月にウランバートルに入りました」（一三頁―一四頁）。

四五年九月の時点では、モンゴル人民共和国は、まだ国境を閉じてはいなかった。当時を知るドイツのモンゴル学者のW・ハイシッヒは自著に記している――「内・東部モンゴルに電撃戦を展開したソビエト戦車隊はモンゴル人民共和国の国境線までしか後退しなかったと言われている。かれらは当分の間、北モンゴル人がことによると抱くかもしれない合併の考えを、めばえのうちにつみとってしまうため、そこに配置されたのである」（田中訳二七二頁）。ただし、北モンゴルから南モンゴルへの移動だけを阻止するためである。戦車の砲口と銃口はモンゴル人民共和国側に向いていたはずだ。

その頃、ソ連・外蒙軍の飛行機が張家口の上空に飛来してビラをまき、「徳王は日本帝国主義の走狗、役人たちは日本帝国主義の手先である」と告発し、「闘争に立ち上がろう」と民衆に呼びかけていた。ソ連とモンゴル人民共和国とも連絡が取れず、八路軍による張家口解放を出迎える気にもなれず、徳王には蔣介石に身を寄せる道しか残っていなかった。

張家口駅前に親衛隊が二百人ほど集合していた。徳王が彼らを非公式に閲兵してみると、みんな背中に変な荷物をしょっている。隊長に訊くと、北京行きを知った自治政府総務庁総務科長の中嶋万蔵が荷車数台分もの、計一五万両の阿片を徳王の許に送って寄越したのだという。事務担当の秘書官ツェレンドルジは「今、三百人、四百人もの人間が北京へ行くので、生活の資金がなくてはなりませんから」と口を添えた。しかし徳王は「そんなものは捨てよ。私は蒙古のなかの金は一切北京に持って行ったりはしない。特に阿片なんか！　お前たち、どういうつもりだ！

これは皆ここにいる蒙古人の財産だ。これを返して、ここに残る蒙古人と政府の人のために、誰か保管するようにせよ。私はこのようなものは持って行けない」と叱りつけた（ゴムボジャブ談）。

一方で、この時、徳王は蒙疆銀行券三億元と銀貨三万元を携帯したと言うが、これは過大だと森久男は訳注で指摘している（『徳王自伝』四七七頁）。

張家口では、モンゴル人が引きも切らず故郷に向かい、故地から連絡に出て来るモンゴル人で錯綜していた。徳王は張家口駅に来た日本人に「あなたがた日本人は敗戦になっても無事に帰れる故国があっていいですね」と語ったという（『徳王自伝』三二二頁）。

徳王は貴賓室に入り、煙草を吸い、プラットホームの方を見ながら動かなかった。二時間が過ぎた。全員が乗り込んだのを見て、やっと腰を上げた。入口から入れず、窓から汽車に乗り込んだ（ゴムボジャブ談）。

徳王と李守信ら中・上級モンゴル人職員の一行は、一九日夜、専用列車で張家口を離れ、二〇日早朝、宣化駅で一時停車。停車中に、李守信を第十路軍総司令に任命する旨の委任状が蔣介石から届いた。また、この時、八路軍から連絡員が来て、交渉の呼びかけもあったが、正午、宣化駅を発車。途中、戦闘や軌道修理で手間取り、二一日午前一時過ぎ、北平の西直門駅に到着した。

張家口は北京から約一五〇キロ、汽車で通常なら七時間の距離にある。漢人、モンゴル人、漢回人［回教徒の漢人］、白系ロシア人に約一万人の日本人が暮らし、一〇万人前後の人口を抱えていた。西北研究所は張家口の「蒙古善隣協会」本部の建物の中にあった。

研究所長の今西錦司は八月一〇日、防衛召集を受け、第二大隊の副官に任命された。一五日の正午、今西たちは大隊の宿泊地であった「北支開発」の講堂で、「玉音放送」を聞いた。戦争が終わったというのに、張家口にソ連機が飛来し、数発の爆弾を落とし、家屋が壊され、死傷者が出た。八路軍も迫っていた。

張家口の在留邦人は一七日から二〇日にかけて引き揚げることになった。ずっと無給の研究所員で、なぜか敗戦直前に正式の所員になったという梅棹忠夫は、妻たちを張家口駅まで送り出発させた。二一日の朝、研究所の最後の後始末をした。

「門のそとには町の漢人たちがむらがっていた。日本人の総ひきあげをしって、あき家の家財道具を略奪しようというのだろう。わたしは大声でどなりちらしながら、群集たちをのかせて、人力車をそとにだした。そとではもう、略奪がはじまっているらしく、家財道具をかついだ男がうろうろしていた。なかには、畳をかついでいるやつもいた。かれらはしかし、わたしに乱暴をくわえることはなかった。わたしはぶじ駅に到達した」。

「駅前は大混雑だった。市内の一角に火の手があがるのがみえた。風はないらしく、煙がまっすぐにのぼっていくのが妙に印象的だった」。駅には無害列車が待っていた。最後から二本目の引き揚げ列車だと言う。最後の一本は華北交通の鉄道従業員の引き揚げ用だった。その日の正午過ぎ、張家口を脱出、四時間後に八路軍が張家口に入城した。

引き揚げ列車は東行の一方通行だった。八達嶺を越えて南口辺りに来ると、鉄道に平行して走っている街道を、日本軍のトラックが何台も走っている。ソ連外蒙軍を阻止してくれた駐蒙軍だった。霧に紛れて巧妙に脱出したのだと言う。「どちらからともなく、万歳の声がわきあがった」。

今西は二三日の朝、北京の西直門駅で召集解除を受けた。梅棹たちの列車は、天津の受け入れ準備が整うまで停車し、四日目の朝に天津に着いた（以上、梅棹忠夫『回想のモンゴル』一〇二頁―一〇六頁）。

(8)ソ蒙連合軍の進攻と蒙古軍の背叛逃亡

四五年八月九日、ソ連・モンゴル人民共和国連合軍の機械化部隊は、一斉に満洲国と内モンゴルに進撃を開始した。進攻当時、モンゴル人民革命軍は「強力な近代的陸軍に生長し、戦車や飛行機すらもっていた。それはソ連極東軍を除いて、アジアで最新の装備を誇る軍隊であり、世界の人々は、この未知の国の驚きの目をみはった」（坂本是忠『蒙古人民共和国』一九五五年八四頁）。駐蒙軍の独立混成第二旅団は、張北・張家口間の「日の丸峠」に陣地を構築して迎撃体制を整えた。

ソ蒙軍が進攻を開始すると、満洲国では、モンゴル人部隊の背叛逃亡が相次いだ。

八月一一日朝、陸軍興安学校［旧興安軍官学校］の本科生徒を主とする第三梯団に同行していた日系軍官全員が殺害された。同日お昼頃、錫尼河（シニヘ）事件が勃発、日系軍官二九名が犠牲になった。第一〇軍官区全体での日系軍官・軍属の犠牲者は三八名に及んだ（牧南恭子『五千日の軍隊―満洲国軍の軍官たち―』一一一、一六一、一九六頁）。

徳王政権下の内蒙西部でも背叛逃亡は発生していた。

西スニト旗の蒙古幼年学校の一部の生徒たちは、北モンゴル側と密かに連絡を取り合っていた。

蒙古軍幼年学校の日系教官は生徒たちをトモルタイに避難させる逃避行の途中、生徒隊はビシレルト僧院で休憩していた。

「四五年八月から九日にかけて学校関係者が西方に避難した時、襲撃者たちは三人の日系教官を亡き者にしようとしたが、チャンスがないまま、ビシレルト僧院に向かった。疲れ切った下級生たちを休ませ、上級生を歩哨に立たせたので、連中には好都合でした。

僧院の境内にあった二つの大きなゲルの右手のゲルには先生たちの家族が休み、左手のゲルにはムングンサン先生と三人の日本人の先生が入り、靴や服を脱ぎ、安心し切っていました。ゾリクトを先頭に、襲撃者が銃を持って入って来ました。入るやいなや、稲永先生に銃を向けて殺そうとしましたが、並んで休んでいたムングンサン先生が彼らの暴挙に咄嗟(とっさ)に気付いて、「何の道理があってのことか」と言って、銃を奪おうとしました。しかし、撃鉄を引かれて銃弾が腋(わき)の下に入り、壁に寄りかかったまま、絶命してしまいました。次に二番目の銃声が響き、稲永先生の首を貫いたのです。この間に佐藤先生と堀口先生は拳銃を取れなかったのか、自分の手で育てた若者を殺すことができなかったのか、理由があったのでしょう。銃も持たずに、一人は前方の小山に向かい、もう一人は低い塀を飛び越えて逃走しました。

堀口先生をゾリクトが追いかけると、先生は峡谷で両手に石を握って、「お前がそんなに度胸のあるモンゴル男子なら、こっちへ来い」と叫んだそうです。それをゾリクトは直ぐに撃ち殺したのです。

佐藤先生が隠れていた所から出て来ると、境内から追い出して、撃ち倒し、脇腹に銃剣を刺しました。まったく動けなくなっているのに、一人の「革命家」は頭に銃弾を撃ち込みました。先生は「あぁ…」と言う声を漏らして、息を引き取ったそうです」（『ビレクト聞書』四九頁）。

終戦直後、蒙古軍参謀長の宝貴廷が傅作義軍に投降した。ウルジオチルの蒙古軍第九師には北モンゴル人が数人入り込んでいて、北モンゴルと連絡を取っていた。ウルジオチルは部隊を率いて蜂起、その二百名を連れてモンゴル人民共和国に赴いた。再教育された部下を率いて商都付近に戻って、内蒙古遊撃隊司令員に就任、八路軍指導下で遊撃戦を展開した。彼の率いる内蒙古人民解放軍騎兵第一一師は、スフバートル・宝貴廷らの騎兵第一旅団を追撃した（『徳王自伝』訳注四八三頁）。ウルジオチルはW・ハイシッヒの『モンゴルの歴史と文化』にはウルジェイ・オドセルの名で登場する（二七〇頁）。

ビレクト少年が所属する蒙古幼年学校の生徒は、逃避行の末に商都に駐留していた。九月も半ばになって、モンゴル人民共和国から留学を受け入れるという知らせが届いた。生徒隊は、一旦、学校に帰還して、出発の準備をした。九月末になって、迎えの車が到着。故地に残留することもできたが、誰一人、残る者はいなかった。北モンゴル軍の将校も兵士もよく世話をし保護してくれた。彼らは監視者ではなく、共和国政府の全権代表団で擁護者だった。生徒たちは、軍官たちとその家族、兵隊たちと一緒にウランバートルに出立した。ビレクト少年は心が逸って、疾走する車の上に立って、前方を凝視していた（『ビレクト手記』五八頁）。

第五話　大戦後に統合独立運動、再燃

［一］請願団、ウランバートルへ

一九三二年の満洲国の成立によって、南モンゴルの独立運動は、満洲国統治下の内モンゴル東部［興安四省］と徳王の自治政府下の内モンゴル西部とに分かれたまま、終戦を迎えた。大戦後、東西で複数の自治政府や組織が設立されたが、最終的に中国共産党に指導され、一九四七年五月一日、「内蒙古自治政府」が樹立された。

この時期、注目すべき動きがあった。それは、大戦後に出来た自治政府や組織のほとんどが、南モンゴルが北モンゴルに統合されることを陳情するための請願団や、来たるべき統合に備えて社会主義を学ぶための留学生をウランバートルに派遣していることである。その請願団や留学生のその後については第七話で詳述する。（4）では毛沢東と中国共産党の内モンゴル政策にも言及する。

20世紀初頭のウランバートル。O・ガンホヤグ（2010年）『モンゴル国首都ウランバートル市の歴史・文化財』（35頁）より

(1)東蒙古人民自治政府(四六年二月)

一九四三年春、モンゴル青年約百人が日本留学の途についた。多くの学生の多くは、新京［現在の長春］の「留日予備校」で留学を目指して勉強していた。しかし、三年間の予定が二年間に短縮になり、四五年四月下旬には、もはや留学の継続が不可能になり、学生たちは続々、帰郷した。

　モンゴル人たちは、内モンゴル東部に進攻して来たソ蒙連合軍を「弟が兄貴を迎えるような幸せな気分で」受け入れた。

　四五年八月一〇日、日本人教官を殺害して決起（「王爺廟蜂起」）した興安軍官学校のモンゴル人学生たちと、興安総省省長ボヤンマンダホや蒙政部理事マニバダル(注)ら多数の満洲国モンゴル人官吏たちが、王爺廟（おうやびょう）［ウランホト］

に集まった。一四日に結成された「内モンゴル人民解放委員会」は一八日、「内モンゴル人民革命宣言」を発表した。

終戦時まで日本駐在満洲国大使館の参事官をしていて、急遽、帰郷したダグール族出身のハフォンガーが、一四年間も地下に潜（もぐ）っていた内蒙古人民革命党の書記長に選ばれた。ハフォンガーは一九三一年九月に関東軍の後押しで編成された「蒙古独立軍」の秘書長も務めたことがあり、内蒙古人民革命党の創始者の一人である郭道甫（クオダオフ）［メルセー］を信奉していた。

この宣言の中で彼らは、北のモンゴル人民共和国に内モンゴルとの合併を求めること、日本勢力の駆逐、中国の革命勢力との連帯、民族平等などを訴えた。これにはソ蒙連合軍の指導があった。

「内外モンゴルの合併」を求める署名運動が行われ、同年一〇月、ボヤンマンダホ・ハフォンガーら七人から成る代表団が北に向かった。代表団は南北モンゴルの統一独立を申し出たが断られ、人民共和国の指導部は「毛沢東と共に革命をやりなさい」と勧めた。

四六年一月一四日、王爺廟東方四〇キロのゲゲン・スムで「東モンゴル人民代表会議」が開催され、内モンゴル東部三九旗と九漢県の代表五五二名が出席した。「東蒙古人民自治政府」［主席はボヤンマンダホ］と「東モンゴル人民自治軍」の結成が決議され、二月一五日、張家口で正式に発足した。

国民党とも共産党系の「内蒙古自治運動連合会」とも接触を開始した。

二月一一日、副主席マニバダル率いる代表団が北平で国民党に同自治政府の承認を求めた。が、国民党政府は、肯定的回答を示さなかった。山東省の雑軍四〇万余も国民党政府に帰属したいと表明した。しかし、国民党政府はこれも直ぐに取り込まなかったので、共産党軍に投降してしまった。マニバダルは徳王にも協力を要請した。しかし、徳王にも「情勢の変化を見て決めます」と逃げられてしまう。

三月二八日、主席ボヤンマンダホ率いる代表団が熱河省の承徳で「連合会」のウラーンフーと会見し、「東西モンゴル代表者会議」が、四月初旬に開催される運びとなった。

(注) ボヤンマンダホ（一八九四―一九八〇）は四六年四月、「内蒙古自治運動連合会」の副主席に就任。しかし、中国共産党は彼を対日協力者と見なされ、不遇な日々を送っていた。それでも粛清されなかったのは、モンゴル人から絶大な信頼を得ていたからである。マニバダル（一八九九―一九四七）は満洲国時代、「蒙民厚生会」の専務理事を務めた。反共の立場を貫いたため、内蒙古自治政府成立後、極秘に処刑された。

(2) 内蒙古人民共和国臨時政府（四五年九月）

一方、ソ連・外蒙連合軍占領下の内モンゴル中部のシリンゴル盟西スニト旗で、九月九日、内蒙古臨時人民委員会［モンゴル民族解放委員会］が組織され、「内蒙古人民共和国臨時政府」が設立された。主席には徳王の叔父で、自治政府の最高法院院長であったブレンダライがなり、徳王の自治政府のスタッフだった者も多く参加した。

当初から、徳王の長男で西スニト旗旗長のドガルスレン率いる代表団をウランバートルに派遣して「内外モンゴルの併合」を要求していたが、拒否されていた。ドガルスレンがウランバートルに発った後、徳王の甥のアルタンオチルは、八路軍に投降して西スニト旗旗長になったが、脱出して北京の徳王の許(もと)に身を寄せた。のちに(五)の「蒙古青年同盟」に参加した。

設立直後、再びウランバートルに代表団を派遣した。今度はソ連とモンゴル人民共和国による内モンゴル独立の承認と、それを世界に向けて宣布するためにウランバートル放送を使わせてくれるよう求めたが、いずれも拒否されてしまった。

(3)四五年一〇月一日「フルンボイル自治省」、「フルンボイル地方臨時政府」と改称(四六年三月に)

フルンボイル地方のモンゴル人は、清朝時代に「内」「外」モンゴルどちらにも属さず、独立志向が強かった。外モンゴルの独立宣言に呼応して一九一二年一月に樹立された「フルンボイル自治政府」が、キャフタ協定により解散すると、中国政府は、一九一五年一一月、フルンボイルを特別区域としたが、一九一九年一一月、それを廃止した。

四五年八月二三日、この地区〔旧興安北省〕からもウランバートルに代表団が派遣されたが、合併請願は拒否された。

同年一〇月一日、ハイラルに「フルンボイル自治省」〔主席は旧興安北省省長オルチンバト〕

が設立され、翌四六年三月、「フルンボイル地方臨時政府」と改称された。

同年四月三日の「東西内モンゴル代表者会議」には、この地区の代表も参加し、引き続き同地区単独の自治政府による自治を行なっていくことを主張した。

(4)内蒙古自治運動連合会(四五年五月)

国民党政府の内モンゴル「内地化」に対するモンゴル族の反発が強いことを知っていた毛沢東は、内モンゴルの領域を清朝時代の領域に戻すことを考え、一九三五年一二月二〇日の「内モンゴル人民に対する宣言」の中で「熱河・チャハル・綏遠の三省を廃止して、元々の内モンゴル六盟四九旗とチャハル・トゥメドの二部と寧夏三特旗を内モンゴル人民に返し、内モンゴル民族の領土とする」と宣告した。一九四九年二月の中共第七期中全会でも内モンゴルの歴史的地域を復活させ、統一の「民族区域」とすると改めて提起した。さらに同年九月に採択された「共同綱領」は民族政策を次のように定めた――「中華人民共和国域内の各民族は一律平等で、団結・互助を実行し、中華人民共和国を各民族が友愛・協力しあう大家庭にする。大民族主義や狭隘な民族主義に反対し、民族間の蔑視・圧迫、各民族の団結を破壊する行為を禁止する」「各少数民族居住地区では、民族区域自治を実行し、民族の居住人口の多少や区域の大小に応じて、それぞれ各種の民族機関を設ける」。

しかしこの時点では、各々の民族がどこにどれだけ存在するかについてはほとんど把握されておらず、中国を構成する民族が数十に及ぶという認識は持っていなかった。この民族政策は中国全体の民族政策として発想されたものではなく、あくまでもモンゴル族対策として考えたものだった。

「民族平等」を体現させるためには、当該地域がどんな民族の居住地であるかを明確にし、いかなる民族がどれほどの代表を各級の人民代表大会に出すかを決めなければならず、一九五〇年から「民族識別工作」に着手した。一九八四年に漸く「民族区域自治法」が制定された。それにしても、集団や個人の民族的出自は曖昧(あいまい)であり、中国の五五の少数民族のうち三一は、越境民族または国境に跨る(またがる)「跨境(こきょう)民族」である。中国には一九九〇年現在、五自治区、三〇自治州、一二一自治県、三自治旗がある。

中国共産党は少数民族の政治工作員を延安で養成していた。「**延安民族学院**(注)」は中国共産党が対少数民族政策を策定するために一九四一年一〇月に創った大学である。「大学が成立した最初のころ、学生の大半はモンゴル人だった」（楊海英『モンゴル草原の文人たち』一七二頁）。のちに内蒙古自治政府主席になるウラーンフーもソ連留学を経てコミンテルンの指示で、ここに学んだ。

（注）「**延安民族学院**」は一九五一年六月改組、「中央民族学院」として北京に開校され、ウラーンフーが初代学長に就任した。一九九三年一一月、「中央民族大学」と改称。中国の少数民族

教育の最高学府として少数民族の高級人材養成を目的としている。

中国共産党はソ連軍の手引きで満洲に進攻した。満洲はインフラ整備の進んだ地域で、ここを占領した中共軍の戦略は正解だった。中国共産党は素早く「共産党東北局」を創設し、さらに東西南北の分局に分け、その「西満分局」を内モンゴル南東部のに置き、一九四六年春からモンゴル人工作を担当した。この分局はさらに王爺廟に「弁事処」を設置した。この「西満分局弁事処」は表向きの看板で、実質上は「中国共産党東モンゴル工作委員会」という組織で、のちに内部では「興安県委員会」と呼ばれるようになった。「建前上は柔らかい姿勢を取ることでモンゴル人の抵抗を避けようとした謀略だった。中国共産党には最初から内モンゴルにおいて、確固たる行政組織の網を張ろうという目的があった」(楊海英『墓標なき草原(上)』九〇頁)。

内モンゴル西部の張家口(ちょうかこう)では、四五年一一月、代表七九名を集めて、「西モンゴル人民代表会議」が開かれ、ウラーンフーを主席とする「内蒙古自治運動連合会」が結成された。

同年一〇月、東部内モンゴルで、中共指導下に「内蒙古人民革命青年団」が、内蒙古人民革命党の分派組織として結成された。人民革命党が強い東部の分離傾向を押さえて、東西の自治政府の接近を人民党内部から促進するためである。

「連合会」は、中共軍の進攻に支えられながら、各盟旗に分会・支会を組織し、「蒙古軍政学院」や「内蒙古人民自衛軍」を創設するなどして勢力を拡大して行った。

「連合会」は、まずシリンゴル盟の「内蒙古人民共和国臨時政府」を掌握、吸収することから着手した。四六年四月五日、シリンゴル盟部会を設立し、徳王の甥で西スニト旗旗長アルタンオチルを分会主任にし、東ホジト旗旗長の松王（まつおう）をシリンゴル盟盟長に任命した。


四六年一月から中国共産党は、内モンゴル東部に対する工作を本格的に開始し、四月三日、中共指導下に熱河省の承徳で、「東西内モンゴル代表者会議（内モンゴル自治運動統一会議）」を開催した。会議には「東蒙古人民自治政府」からは代表七名（団長はボヤンマダホ）、「内蒙古自治運動連合会」からは代表七名（団長はウラーンフー）が出席した。

「東蒙古人民自治政府」は内蒙古人民革命党の指導の下に全モンゴル人の真情を代表する組織で、実質上、内モンゴルの東半分を統治する合法的な組織だった。

「連合会」は、この自治政府を脅威だと見ていた。「連合会」は中国共産党が一方的に創った組織。名目上はウラーンフーがリーダーだが、実際は何の権限もなく、漢人が全てを握っていた。「連合会」のモンゴル人の圧倒的多数は漢化の進んだトゥメド地域の出身者で、ほとんどモンゴル語が話せず、一般のモンゴル人たちにも人気がなかった。


この「承徳会議」は平和裏に合意に達した、と語られているが、新四軍第三師に包囲された中で、つまり威嚇（いかく）と恫喝（どうかつ）の中で開催された、と複数の参加者が伝えている（楊海英の前掲書九二頁）。この会議で「東蒙古人民自治政府」は「連合会」に呑み込まれ、中国共産党に骨抜きにされ、東西内モンゴルの自治運動は一本化した。内モンゴル民族運動の方針は「モンゴル独立自治」ではなく「平等自治」であることを確認した。ウラーンフーが主席、ボヤンマンダホが副主席。ハフォンガーには何の実権も与えられなかった。

それまでに「東蒙古人民自治政府」内では、中共側グループと内蒙古人民革命党グループとが「自治」「独立」「内外モンゴルの統一」を巡って、激しい論争が交わされていた。

四七年四月、王爺廟（おうやびょう）で代表者会議が開かれた。当時、新バルガ右旗のアルタン・エメールの小学校で教鞭をとっていたツェベクマ女史も、発言権はあるが、議決権はないオブザーバーとしてではあったが、女性代表として、この会議に参加した。フルンボイルからは三〇名ほど参加したが、女性は彼女一人だった。

後者のグループの代表は、郭道甫（クオダオフ）の影響を強く受けていたダグール族のハフォンガーだった。前者に梃（てこ）入れした「内蒙古自治運動連合会」のウラーンフーは、「内モンゴル民族の自治」という言葉を口にはするが、彼の言う「自治」は「分離独立」ではなかった。四月三日の拡大執行委員会で、ウラーンフーは「内蒙古人民自治政府」を組織して「高度自治」を実現すると発言した。

ハフォンガーのグループも外モンゴルと併合することは、もう不可能だと分かっていた。そこで、中国統治下では徳王政府のような自治もやむをえないが、せめて経済、教育文化の面ではできるだけモンゴル的特性を活かす高度自治を確立したいと考えていた。

しかし、ハフォンガーの指導する内蒙古人民革命党内部に分裂が起こって、ウラーンフー派が勝ってしまった。党内の青年同盟組織を握っていたトグスツォグトが多くの青年を連れて来て共産党に寝返り、選挙でウラーンフー派を有利に導いたからだった。（鯉淵信一訳『星の草原に帰らん』八七頁―九〇頁）

この会議の日々にツェベクマは、後に夫となるブリンサイハンと知り合う。彼は、当時、モンゴル西部にあった内蒙古人民自衛軍第一一師の代表として出席していた。徳王の秘書官であったゴムボジャブは彼の腹違いの弟である。

敗れてフルンボイルに戻って一か月も経たないうちに、ツェベクマは、チチハルに新設された内蒙古軍政学院に入れられ、共産党の政治教育を受けた。（前掲書九三頁）

四七年四月二三日、内モンゴル人民代表者会議が開催され、五月一日、「**内蒙古自治政府**」［主席はウラーンフー］が成立した。これは「内蒙古自治区」の前身となる。主席はウラーンフー、副主席はハフォンガー。バヤンマンダホは何の権限もない「内モンゴル臨時産議会議」の議長に任命された。

「内蒙古自治政府は、内蒙古民族各階層、内蒙古区域内各民族が高度自治を実行する区域性の民主政府である。内蒙古自治政府は内蒙古各盟旗を自治区域とする中華民国の構成部分である」(「内蒙古自治政府施政綱領」)。

四六年一〇月二九日、東北行政委員会は、フルンボイルの地方自治と自治政府の成立を、一旦、承認した。しかし、四七年一二月、独立自治派の地下組織が摘発されたことを理由に、翌年一月一日、それを取り消し、新しいフルンボイル盟が正式に創設された。

内蒙古自治政府主席**ウラーンフー**(一九〇六―一九八八)は、早くから定住化したトゥメド族出身で、漢化していた彼は濃厚な山西訛りの漢語を話し、自治区成立以前は「雲澤」「陳雲章」などと名乗っていた。ウラーンフー(Улаанхүү)とは「共産主義の申し子」という意味である。

従って、彼は中国共産党の「功臣」の一人であったはずであるが、文化大革命の最中の一九六七年、失脚し、彼の追従者たちの多くも迫害に遭った。ただし、ウラーンフーは、一九七三年、復活し、全人代常務委員会服委員長、国家副主席などを歴任する。

(5)「蒙古青年同盟」(四七年一月)

四六年一一月一五日、南京で開催された国民大会で採択された「中華民国憲法」は、少数民族の自治権を十分に保証するものではなかった。四七年一月一日、反共の立場からモンゴル人の権利を守るため、南京で「蒙古青年同盟」が結成された。その主要メンバーにはジャフンジュ〔紀貞甫〕、ダグワオスル、ジャチスチン、ゴンボジャブなどがいたが、徳王には協力を求めても同盟員には勧誘しなかった。

彼らは、反共の立場でモンゴル人の権利を守るため、モンゴル人の民族的自決権の国際的認知を得ようとして、アメリカ人情報担当者に接近した。アメリカの支援を受け、資金援助もあった。同盟員のゴンボジャブは、のちにオーエン・ラティモアに伴われて渡米、「アメリカ・モンゴル協会」を設立する。

〔二〕徳王の再起、「蒙古自治政府」の樹立と瓦解（がかい）、北モンゴルへ

(1)蔣介石との折衝

一九四五年八月二四日、蔣介石は国防最高委員会と国民党中央常務委員会の連席会議で、外蒙古の独立自治発展を承認する旨を発表し、内蒙古自治問題に言及した。北京にいた徳王はこれをラジオで聞いた。内蒙高度自治を図る好機とばかり、重慶に赴くことにした。呉鶴齢を北京に残して事後処理を任せようとすると、呉は怒り出した。「蔣委員長の指示で行なった仕事を直に説明して、自分の汚名を晴らしたい」と同行を迫った。徳王は李守信、烏古廷（ウコティ）、陳紹武、ゴムボジャブらを伴い、重慶に飛んだ。

蔣は訪問団のそれぞれと単独に会見した。徳王とは九月一〇日に会談した。蔣は李守信にも徳王にも、蒙古軍には何個師・何個旅と何人の兵士がいるかと尋ねた。しかし、徳王が内蒙高度自治に話を向けると、不快感を露わにし、話題を変えた。

呉鶴齢も内蒙自治を要求した。すると蔣は露骨に言葉を返した――「あなた方が日本人のために働いた件について、今なお決着がついていません。国民参政会の中には、あなた方に猛烈に反対している者たちがいるというのに、まだ自治を要求するというのですか？　内蒙古は蒙古族と漢族の雑居地域です。あなた方の自治とは、漢族をみな追いはらうということですか？」

呉は慌てて、「蒙古宣導団」を組織し、徳王に主任になるよう要請した。が、徳王は固辞した。

李守信・呉鶴齢・烏古廷らが北京に帰された後も、徳王は重慶に留まった。

八月二八日から開始された国共和平交渉は、新政権構想を巡って重要な意見対立を残しながら、一〇月一〇日、「双十協定」が成立した。しかし、協定締結後、反(かえ)って国共間の軍事衝突は増えていた。

一〇月二〇日、北モンゴルでは、国民党政府が派遣した特使の監視の下で国民投票が行なわれ、圧倒的多数でモンゴル人民共和国の中華民国からの独立が確認された。徳王は、これを喜び、長い弁髪を切り落とした。

一〇月末、徳王が北京に戻る段になって、蔣と会見が叶(かな)った。

「あなたは今すぐ内蒙自治をしたいのですか」
と、蔣はいきなり訊いた。
「現在、外蒙古がすでに独立しているので、内蒙古の問題も何とかしなければなりません」
「共産党の問題が解決すれば、蒙古のこともうまく処理できます」
と、蔣介石は確約を渋った。当時の蔣は共産党の攻勢に頭を悩ましていた。蒙古のことなど考える余裕がなかった。ただ、まだ残っている蒙古軍が共産軍と一緒になることだけを怖れていた。

交渉は不首尾に終わり、徳王は陳紹武・ゴムボジャブらを連れて、一一月、北京に戻った。秘書のツェレンドルジらの世話で良い家が見つかり、住むことになった。

四五年一二月一日、蔣介石は李守信を呼び寄せて、「すみやかに東北へ行き、旧部下を集めて新兵を募集し、できるだけ武装して、共産党討伐作戦に協力しなさい」と、直接、命令を下した。徳王に対しては「将来の外蒙古回復に備えて、内蒙高度自治を進めてもよい」と伝えて寄越した。

四七年九月一〇日、蔣介石は北京に来て軍事差配を行なった。徳王は内蒙高度自治について探りを入れた。

米国・国民党・共産党の三者から成る「軍事調処執行部」は、日本敗戦後に八路軍が占領した張家口を共産党の支配下に置くことにした。

かつて敵対した蒋介石だったが、徳王に理解を示した。共産党軍が迫り窮地に立っていた蒋は、同じ立場の徳王に同情していた。日本留学の経験もある蒋には、民族自決という国際感覚があった。その点、国民党内の閻錫山（えんしゃくざん）や何応欽（かちょうりん）らとは違っていた。徳王を台湾行きに誘った。落胆していた蒋は、「共産党を倒さないと、民族も国家もなくなってしまう」と弱音を吐いた。徳王が、「現在は反乱の鎮圧が一番大事です」と、相槌（あいづち）を打つと、蒋は、「何か困ったことがありますか。困ったことがあれば、何でも言ってください。私が何とか解決してあげましょう」。

徳王は「いいえ、別にありません」と応じた。これが北京で蒋介石に会った最後だった。この間、徳王に対して、「東蒙古人民自治政府」主席のボヤンマドから協力要請があったが、徳王は「情勢の変化を見て決めます」と固辞していた（『徳王自伝』三三七頁）。

(2)米国に接近

国民党政府の腐敗と国民党軍兵士たちの厭戦（えんせん）と士気低下を知った徳王は、アメリカに頼って、モンゴル政権復活を考えるようになっていた。

四五年冬、中国問題の専門家オーエン・ラティモアに会って、モンゴル問題の宣伝を依頼した。ゴムボジャブら蒙古青年同盟員たちも、「外モンゴルをソ連から分離させる手助けをして、国連に提案してほしい」とラティモアに手紙で依頼した（『自伝』三三五頁）。

ラティモアの回想によると、「その時に徳王はどう状況に処してよいか迷っていた。将来に対する彼の考えは、内外両蒙古・チベット・新疆が各々自立した共和国として中国の総括的主権の下に入る、という一種共和国連合のような形を描いていた。徳王は、米国がウィルソン大統領の宣言した民族自決主義を奉じていると信じ込んでいたらしい。徳王がこういう考えをアメリカに知らせて欲しいと望んだので、できるだけの努力はしましょうと答えたが、それは非常に困難なことは解かっていた」（『自伝』訳注、四八〇頁）。

四六年冬、徳王は自治政府の参議だったトクトに、アメリカの新聞記者リチャードソンを紹介され、マッカーサー将軍にモンゴル問題を国連で取り上げてくれるように依頼した（三三六頁）。

その後、蒙古青年同盟員のジャチスチンに紹介されたアメリカ大使館の女性職員R・ビーンに、「すでに独立国である外モンゴルをアメリカはどうして承認しないのか」と、訊いた。すると彼女は、「マーシャル将軍がロシアに味方する国がもうひとつ増えるのを嫌っているからだ」という。

徳王は彼女にもアメリカでモンゴル問題を宣伝してくれるように依頼した。

四六年末、またジャチスチンの紹介でアメリカの新聞記者R・ミッツに会った。「アメリカにモンゴル支援の気があれば、蔣介石を除外して直接連絡が取れないか」と訊くと、ミッツは承知した。

共産党軍が北京に接近した。ソ連大使館から「共産党軍が入城したら、あなたの身の安全を保証する」との連絡があったが、徳王は拒絶した。

蔣介石のいる南京行きを知った陳紹武［興蒙委員会副委員長］らは人民解放軍側に赴くように勧め、「あなたの生命や財産の安全は責任を持って保証する」というウルジオチルからの伝言を伝えた。かつて蒙古軍第九師を率いて蜂起しモンゴル人民共和国に赴き、再教育されて内蒙古遊撃隊司令員に就任していた。

しかし、徳王は「民族事業をすすめるため、モンゴルに必らず戻る」と、これも拒否した。

四九年一月一日、徳王は、北京から南京に脱出した。一月三一日、北京は無血開城した。四九年一月一〇日、人民解放軍は揚子江北岸を支配下に置き、対岸にある南京は、軍事的脅威に曝された。

徳王はアメリカ大使スチュアートと対談した。「蒙古の独立建国をすすめたいので、アメリカの援助を希望します」と話すと、大使は、「あなたの志は大変すばらしい。志があればかならず成功します。あなたの意見はかならず我が国政府にお伝えします」

と、答えた。

国民党政府立法委員の劉不同（りゅうふどう）に、アメリカ大使館かソ連大使館と連絡を取りたいなら紹介しましょうと言われた。徳王はソ連の方も試して見ようと思い立ち、彼に仲介を依頼した。しかし、ロッシン大使からは「現在の情勢下で蒙古の独立建国をすすめるのはまったく適当ではない」との伝言が入った（『自伝』三四五頁）。

（3）内蒙西部の混乱

内蒙東部の盟旗には一九四六年二月一五日、ソ蒙連合軍の指導下に**東蒙古人民自治政府**が成立したが、内蒙の南部と西部の収拾は遅れていた。

日本の敗戦後、国民党は内蒙地方に党組織を再建するために綏遠・チャハル・熱河・遼寧・黒竜江に蒙旗党部特派員事務所を設置し、数十の蒙旗で党部書記長を任命した。徳王はシリンゴル盟十旗の書記長の推薦を依頼され、西アバカ旗書記長にタルバスレンを、西スニト旗書記長にドルジスレンを推薦した。東アバカ旗礼薩克の補王はモンゴル人民共和国と連絡を取り、国民党の動きを逐一報告する任務を与えられていた。

四六年九月下旬、国民党軍が張家口を占領し、一〇月一一日、内蒙古自治運動会は貝子廟（ベイズ）に移転。これに乗じて、ブリヤート部落の総管レンチンドルジが武装勢力を組織し、貝子廟を脅かした。これに東スニト旗協理ジョンナイと補王（ほおう）が結託した。まもなく地元住民が組織した革命武力勢力に鎮圧され、補王は逮捕され、ジョンナイは自殺した。レンチンドルジは残存部隊を連れて多倫（ドロン）に逃亡し、張家口経由で北京に辿（たど）り着いた。

　徳王の甥のアルタンオチルは八路軍に投降して西スニト旗の旗長になっていた。四六年四月、内蒙古自治運動連合会はシリンゴル盟分会を設立してアルタンオチルを分会主任に、東ホジト旗旗長の松王（まつおう）をシリンゴル盟盟長に任命した。

　四七年傅作義軍が張家口を占領すると、チャハル省の自動車部隊と共に張家口を脱出し、北京にいる徳王の下に身を寄せた。アルタンオチルは蒙古青年同盟に加入した一方で、ソ連大使館や北モンゴルと連絡を取り、徳王のモンゴル人民共和国入りを工作していた。徳王は逃げ道を残しておくために、共和国の国境工作員との連絡を放任していた。

(4)徳王、西蒙に再び自治政府

　その後、騎兵第一旅［旅長はスフバートル、参謀長は宝貴廷］が綏遠に脱出したことを知った徳王は、王爺廟の「内蒙古自治政府」に対抗して西蒙に自治政府を樹立する好機到来と判断。一九四九年三月、台湾にいた李守信、呉鶴齢、徳古来らを電報で呼び寄せた。

　蒙蔵委員会は徳王を青海のタール寺に住まわせようとしたが、徳王は内蒙西北部のアラシャ旗行きを希望した。徳王はまず西安に飛び、次に甘粛省の省都・蘭州に向かった。アラシャ旗旗長の達王（たつおう）は徳王を迎えに来ていた。アラシャ旗行きに歓迎の意を表した。達王は蒙蔵委員会

1949年頃のアラシャ旗定遠営

の何兆麟（かちょうりん）を連れて、先にアラシャ旗に帰った。蘭州では西北軍政長官の張治中（ちょうじちゅう）が徳王一行を宴会に招待した。徳王の影響力を確かめようとしたのだ。回族軍閥で寧夏省主席の馬鴻逵（ばこうき）に会うと、馬は蒙古族と西北の回族はお互いに協力しましょう」と言った。銀川（ぎんせん）で再会すると、馬は徳王ら一行を歓待した。綏境蒙政会秘書長で蒙蔵委員会蒙事処長の巴文峻（ぱぶんしゅん）も銀川にいて、自治政府樹立を話し合うと、「いっそ蒙古人民政府を作るべきだ」と語った。その頃、イフジョウ盟盟長の図王（とおう）が同地で病死した。各方面から有力な指示は得られなかったものの、特に妨害も受けなかった。

　アラシャ旗のある内モンゴル西北部は回族軍閥が割拠（かっきょ）していた。国民政府は西北部の中央化を進め、一九三六年一一月、綏遠事件が勃発すると、中央軍第二五師をアラシャに派遣した。

寧夏省の馬鴻逵は国民政府との協力姿勢を示し、蔣介石は馬を寧夏省主席に任命した。一方、関東軍は回族軍閥の中央離反工作を進めた。寧夏省政府は達王に関東軍特務機関の駆逐を命じたが、達王にはその実力がなかった。達王は寧夏省政府と関東軍の板挟み状態に立たされた。

馬は一九三八年二月、達王の王府のある定遠営［バヤンホト］を攻撃、蒙古保安隊を包囲し解散させ、達王を寧夏省の省都・銀川に連行した。達王は甘粛省の蘭州に移され、以後七年間、軟禁生活を余儀なくされた。達王は蘭州で国民政府や甘粛省政府との関係改善に努め、漸く一九四四年九月にアラシャ旗への帰還が許されたのだった。

四月初旬、一行は、寧夏省アラシャ旗の定遠営に到着した。達王は廟に宿泊させるよう手配し、一行を手厚く歓待した。前後して、巴文峻も国民党中央執行委員だった白海風もやって来た。

四月一五日、「蒙古自治準備委員会」が成立した。イフジョウ盟盟長の阿王（あおう）［アルタンオチル］が主任委員、達王と徳王が副主任委員の予定だったが、阿王が急死して、徳王が主任委員となった。

四月二三日、南京は陥落した。国民党政府から自治の承認をもらうために、徳王を団長とする請願団が、五月、広州に赴いた。

まず、蒙蔵委員会へ行って、委員長の白雲梯と会見した。広州にいたモンゴル人たちの多くが賛意を示した。

しかし、蔣介石は台湾に移っていて、会えず、国民党政府の一部の者からしか肯定的回答を引き出せなかった。

かつて徳王の自治政府民政部文教科長で興蒙委員会教育処長だったトフシン［旧名トグトフ］は、中共軍が中国の大部分を占領した今、共産党の道に乗り換えようと勧めた。

約束された銃器も飛行機の積載量オーバーで、一部しか定遠営に輸送できなかった。

八月五日から一〇日まで「内蒙古各盟旗代表大会」が定遠営で開催された。フルンボイル盟からは徳古来、ダグワオスルらが、ジョソト旗からは呉鶴齢、白海風、ジャチスチン、トフシンらが参集した。

代表大会は最後まで意見対立があって混乱した。

大会宣言の原稿を起草したのは蒙古青年同盟員のジャチスチンだが、その原稿に「共産党が反乱をあおる」という字句があった。国民党執行委員を務めた白海風が、今の情勢にまったくふさわしくないと反対し、この字句は削除された。しかし、徳王は開会の挨拶の原稿を読み上げてから、「我々は民族のために自治をすすめるのであり、共産党がやって来たら、民族も存在せず、自治も終わりである」と付け加えてしまった。白海風から恨み事を言われた。

アメリカの支援を当てにしていた。蒙古青年同盟員のジャチスチンやダグワオスルは、アメリカ流の民主政に陶酔し賛美していた。ジャチスチンは主席・副主席候補には推薦人が必要だと言い、ダグワオスルは徳王に率先して王公身分を放棄するよう要求した。

呉鶴齢は、主席はモンゴル人に限ると主張し、白海風は、「域内の各民族が一律平等であることを示すため、蒙古人に限るという文言をつけ加える必要はない」と原案を支持した。互いに譲らなかったので、最後に評決を行ない、原案どおりに採択された。

三日目に選挙が行なわれ、徳王が主席、達王が副主席、呉鶴齢が議会議長に選ばれた。徳王は、李守信、白海風、徳古来らを政務委員に任命したが、ジャチスチンは政務委員などのポストに就くことを望まなかった。さらに白海風を実業処長に、トフシンを内務副処長兼議会副議長に任命した。

保安委員会の正副委員長のポストを巡って、李守信と白海風が争い、結局、副主席の達王が委員長を兼任し、李守信と白海風が共に副委員長に就任した。

八月一〇日、定遠営に「蒙古自治政府」が成立し、西部のウランチャブ盟、イフジョウ盟、アラシャ旗、オジナ旗を暫定的自治区域と見做したものの、多くの盟旗は観望を決め込んで実働を控えていた。

騎兵第一旅の処遇が問題になった。第一旅の参謀長の宝貴廷が寧夏省と協議して、第一旅と李守信の部隊は寧夏省の指揮下で再編されて、経費、武器、弾薬、給養などの全てを寧夏省が負担することになった。

徳王は米国との結託を、また考えていた。米国も西蒙を反共の拠点にし、さらに南北モンゴル統一を意図して、その御用組織とも言うべき「蒙古青年同盟」を通じて徳王に働きかけていた。米国の情報員のミッツは、米国製の無線機数台を提供した。

徳王は、米国がモンゴルに触手を伸ばしているのは、経済的利益のみを求めてのことであり、日本の場合のように自分たちをがんじがらめに支配下に置こうとするものではないと楽観していた。また米国には原子爆弾があり、もう一度、世界大戦が勃発すれば、米国が勝利する。さすれば、米国の力を利用して、捲土重来（けんどちょうらい）できると見込んでいた。

米国の外交官は派遣されなかったが、米国新聞社の情報員のベサック他一名のアメリカ人が定遠営に来て滞在していた。二人は蒙古青年同盟員と緊密に連絡を保ち、蒙古人民代表会議に参加して写真を撮ったり、宴会に出席していた。

(5)蒙古自治政府瓦解、そして北モンゴルへ

ある時、米国の工作員ベサックは綏遠省の董其武（ドンチウ）の軍を攻撃しては、と徳王に持ちかけた。徳王には綏遠軍を攻撃できる軍事力はなかった。攻撃が失敗すれば、徳王はモンゴル人民共和国に亡命するしかなく、徳王を共和国に置いておけば、第三次世界大戦が始まった時に役に立つと米国は企んだのだと、徳王は憶測した。

国民党政府が自治政府を承認する目途（めど）は立たなかった。自治政府成立後まもなく、政府内人

事や意見で衝突があって四面楚歌になった呉鶴齢は逃亡した。ジャチスチンはアメリカに移って活動するため、自治政府の大きな印鑑を押した空白の公文箋を持って、出立した。人民解放軍が迫ると、彼らに続いて徳古来や烏古廷らも相次いで飛行機で逃亡した。

九月になると、中共軍が蘭州を解放し、銀川周辺に接近した。給養の目途の立たない部隊は略奪行為に走り、アラシャ旗軍民の怨嗟と反抗を招いた。自治政府は動揺し、崩壊の危機に瀕した。

徳王は一旦、草原に逃れ、青海とチベットを通ってインドに出て、海外に亡命することを考えた。白海風は草原に逃れることに反対した。副主席でアラシャ旗旗長の達王は当地に留まって解放を待つことに決めた。秘書のトフシンも第一旅の到着を待って定遠営に留まるべきだと勧めた。

「西進すれば、二つの道がある。青海やチベットを経てインドへ行き、海外に亡命するか、北モンゴルに行く。同族の誼みで我々を受け入れてくれるか助けてくれる可能性がある」と徳王は考えた。

九月二三日、徳王は、随員二十数人を伴ってアラシャを離れ、トホム廟に臨時の主席行営を置いた。騎兵第一旅と李守信の部隊もトホム廟に向かった。蒙古軍総司令部の副司令に李守信を、総参謀長に宝貴廷を任命した。

部隊による住民迫害は徳王自身も告白するように凄まじいものだった。

「私には部隊を抑える力がなかったので、部隊はいたるところで、駱駝・食糧・牛羊・衣類等を略奪した。とくに牧畜民に激しい憎しみをひき起こしたのは、部隊の少数の者による破壊行為であった。たとえば、駱駝を略奪する際、四方に走り去ってしまうと集められないので、銃で撃ち殺したり、人民から奪った食糧をあたり一面にばらまいて馬に食わせたり、荷役に用いる草で編んだアンペラをさいて馬に食わせたり、婦女を強姦したりした。私に随行していたジルムト（西アバカ旗の人）の報告によれば、天気が非常に寒い頃、部隊のある者は一三、四歳の羊飼いの子供から皮服を奪いとって凍死させるという惨事をひき起こした。

あたり一帯に住む牧畜民はこの騒乱にとても堪えきれず、その多くは砂丘のくぼみや山中に避難した。しかし、部隊の多くは蒙古人で、蒙古の言葉を理解し、牧畜区での生活にも馴れていたので、牧畜民がどこに隠れていても、追いつくことができた。……牧畜民はさらに遠い所へ逃げていった。我々が通過した所では、どこでもすべての家がからとなり、杳（よう）として人煙がとだえた。このような状況を耳にして、焦燥感に駆られたが、私にはそれを抑えて制止する術（すべ）がなかった」（森久男訳『徳王自伝』三八〇頁―三八一頁）

アラシャ旗の代表はいくつかの提案をしてきた。部隊の駐屯地を水・草が豊かなクワイズフ［楞子湖］に移す、食料供給は移駐の際に補充する、自治政府の部隊とアラシャ旗保安隊との衝突を避けるために、外出する時には、前者は藍色の旗を、後者は赤色の旗を掲げることなどを取り決めた。

しかし、第一師と第二師が食糧徴発に出かけると、トフシンの小隊が駱駝と食糧の略奪を行なった。アラシャ旗保安隊の反撃に遭って、トフシンが重傷を負った。保安隊からは抗議の手紙が届いた。「要するに、私が部隊を率いて西北の草原を逃げ回り、……駱駝三千頭を略奪し屠って食べてしまい、骨が山のようにうず高くなったほどで、アラシャ旗人民に重大な損害を与え、数百里にわたって人煙が途絶えるほどの状況を生みだし」た（森久男訳同書二八五頁）。

徳王は部隊を率いて、クワイズフに移転した。この地方は水も草も良好で薪も豊富だったが、三方を砂に囲まれていた。牧民は他の場所に移動し食糧と物資を隠匿した。

アラシャ旗代表が徳王の部隊をここに移駐させたのは、監視と規制に都合が良く、包囲して四方へ略奪に出かける機会をなくすのにより便利だったからだ。

人民解放軍に投降した達王が寧夏の解放軍と協議するよう手紙で勧めてきた。当地では誰一人として「清算闘争」の対象になっていないという。しかし、達王らと徳王らは立場が違っていた。徳王は国民党とも関係を続け、日本軍とも結託していた。寛大に扱われる可能性は低かった。

別の手紙には、「解放後、ここでは共産党の少数民族政策はとてもよく、あなたが戻られれば、同じように民族工作を行なうことができます」とあった。

また別の手紙には、「北京の新聞に掲載された風刺漫画を見ると、共産党のあなたに対する印象はそれほど悪くありません。寧夏に行って協議して下さい」ともあった。

秘書のトフシンは、西北はすでに解放軍が占領し、わずかの軍事力で西進するのは困難だし、北モンゴルに行っても内蒙問題は中国の内政問題だとして中国に送還される危険がある、と言った。

ここで三つの見解があった―東の寧夏に行って解放を受け入れ中共に降る、北上してモンゴル人民共和国に活路を求める、西進して海外に亡命して米国や蔣介石と手を結ぶ。

西進を主張する者の数と勢力が最も多く最も優位を占めていた。活路を西進に見出す選択の背後には新疆のウイグル族と連帯する意図があったのではないか。四九年九月、徳王は達王や白海風らと回族軍閥の病気見舞いに寧夏へ赴いた際、国民党軍令部長の徐永昌と会談し、「高度自治」を要求した。徐は「地方自治」の実行は勧めたが、「高度自治」は認めなかった。

「聞くところでは、現在、新疆ウイグル族のアハマティジャンはトルキスタン共和国の樹立を提唱しているとのことです。我々は立ちあがって自治を要求します。これは民族問題であり、政治的方法によって解決すべきです。私の見るところ、中央が新疆に派遣している軍隊は撤退するのがよいと思います」（森久男訳『徳王自伝』三七三頁）。

これに対し徐は「中央が新疆に派遣している軍隊にはなお用途があり、撤退できません」と返答した（『徳王自伝』三七二頁―三七三頁）。

一九一一年の辛亥革命後、新疆ウイグル族は二度にわたって「**東トルキスタン共和国**」を建国していた。いずれもソ連を後ろ盾にしていたが、第二次東トルキスタン共和国（一九四四―一九四九）では親ソ派のエフメトジャン・カスィム（Ehmetjan Qasim）が中国国民党との交渉を通じて、次第に実権を掌握していた。しかし、飛行機で北京に向かったエフメトジャンら東トルキスタン共和国政府の首脳陣は四九年八月二七日、ソ連領空のアルマトゥイで消息を絶った。残された共和国首脳は陸路、北京に赴き、政治協商会議に参加、中国共産党への服属を表明した。従って、徳王が連帯をほのめかした第二次東トルキスタン共和国は、同年九月の時点で実質的に崩壊していたことになる。

時間稼ぎに寧夏に代表を派遣することにした。トフシンに手紙の原稿を起案させた。その中で三つの具体的要求をした―公民による投票方式によって内外モンゴルの併合を実現する、国民党政府が蒙旗の分割統治を進めた辺境の各省政府を廃止する、蒙古自治政府を承認する、である。

徳王は「蒙古自治政府の承認が先決問題だ」と言い含めて、トフシンを出立させた。一八日ほどしてトフシンは寧夏から戻った。返信には「あなたがみずからやって来て面談されることを希望します」とあった。

トフシンは、「東蒙自治政府と張家口の内蒙古自治連合会が合併して内蒙古自治政府が成立し、東西モンゴルの統一が実現しました。共産党の民族政策と国民党の民族政策は違っています。どうかあなたがみずから寧夏に赴いて、面談されるよう希望いたします」と報告した。

徳王は、「共産党の民族区域自治政策は国民党の地方自治とどこが違っているか。民族事業を自分の責務とする者は、私をおいて誰がいるか」

と、反論した。

会議を招集して協議した結果、再度、トフシンに第二師師長のジルジャンタイを加えて、寧夏に派遣することになった。

九月二七日、オジナ旗も達王を通じて投降の意志表示をした。こうして内モンゴル全域が中共の支配下に入った。

徳王は四九年九月二三日、定遠営を離れ、トホム廟に向かった。李守信・スフバートル・宝貴廷らの部隊もトホム廟に向かっていると報告を受けた。

部隊もトホム廟に到着した。自治政府を改組してトフシンを教育署長に任じ、部隊も改編し、李守信を副司令、宝貴廷を総参謀長、スフバートルを第一師師長に任じた。

解放軍が三本の道から討伐に来襲する危険があった。寧夏から戻ったトフシンは、徳王自身が寧夏に赴くことを勧め、トホム廟で待つように言って、寧夏に出発した。しかし、徳王は西進してバロンシャルジャ廟に移った。トフシンは、徳王自らが出向くように、との返信を携えて戻って来た。

宝貴廷は強く西進を主張した。トフシンらは寧夏行きを勧めた。徳王は「寧夏側が迎えの車を寄越すなら、出向く」と答え、彼らを寧夏に派遣した。

徳王の秘書トフシンはすでに北モンゴルに徳王の甥アルタンオチルを派遣していた。一〇月、徳王は国境のハラエグに赴き、モンゴル人民共和国と最初の接触をした。共和国内務部次長バヤルは言った——「民族運動に従事した者は誰であれ、蒙古人民共和国へ避難すれば、すべて滞在を許可します」(『徳王自伝』四二二頁)。

一二月になって徳王は、モンゴル人民共和国の辺境のチャガントラガイに移り、ウランバートル行きを決意した。

第六話　南北モンゴル統合問題と受け入れ事情

南モンゴルを北モンゴルに併合して統一独立国家にするという動きが高揚した時期は、モンゴル近現代史上、二度あった。南モンゴルのほかに満洲（興安）蒙古、さらにはブリヤート・モンゴルも含める「大モンゴル国」を、という壮大な夢まであった。ここでは後期の南北モンゴル統合運動のみを追う。

(1)ヤルタ会談後のソ連と中国の動向

すでに一九三四年、モンゴル人民共和国首相P・ゲンデンはモンゴル民族独立問題を、スターリンに面と向かって問い質していた。ゲンデンが、同年一〇月二二日から一二月二日までモスクワを訪問して、スターリンと秘密会議を重ねた際のことである。

（P・ゲンデン）ひとつ聞いておきたい。あなたは、我がモンゴル民族の独立という問題をどのように考えておられるのか？

（スターリン）貴国の独立を認めているのはわが国だけである、とまず言っておこう。やがて貴国が中国より独立したことを完全に宣言する必要があるだろう。その効果は計り知れない。モンゴル族がモンゴル人民共和国として独立したということを中国が認め広く知れ渡ったとき、それは、バルガ［満洲国側に組み込まれたモンゴル人］や内モンゴル人を貴国に引きつける求心力となるだろう。（鎌倉英也『ノモンハン　隠された「戦争」』一一一頁）

スターリンは、恩を着せておいて、満洲のモンゴル人や南モンゴル人を北モンゴルに取り込んだ形で、ソ連の支配下のモンゴル民族統合独立を考えていたのだった。

ゲンデンは、三六年一月と三月の公式決定によって首相と外相の職を解かれ、クリミヤの保養地に軟禁された。激しい拷問を加えた結果の罪状は「反革命運動を企てた日本のスパイ」。スターリンはモンゴル人民共和国内務大臣チョイバルサンと謀（はか）って、銃殺刑は、三七年一一月二六日にモスクワで執行された。この日はモンゴル人民共和国の建国記念日である。

スターリンは、四五年二月のヤルタ会談で、対日参戦の代価の一つとして北モンゴル独立の承認を取り付けていた。

同年八月一四日、中ソ友好同盟条約が締結されたが、国民党政府は北モンゴル独立の承認、満洲での利権供与などの譲歩を余儀なくされた。同月二四日、蔣介石は、国防最高委員会・国民党中央常務委員会の連席会議で、「国民党の原則に忠実に則り、外モンゴルの独立を承認する」と発表した（W・ハイシッヒ『モンゴルの歴史と文化』二七一頁）。

「国民党の原則」とは、一九二四年一月二三日の国民党第一回代表大会宣言の中での「国内の各民族の自決権を承認する」という規定であり、同年四月に孫文が「建国大綱」の中で述べた「政府は国内の弱小民族を扶植して自決・自治を促す」という遺訓のことである。

四五年七月早々、モンゴル人民共和国首相チョイバルサンはソ連外相V・M・モロトフから緊急の招待を受けて、I・イワノフ駐蒙大使と一緒にモスクワに飛び、四日夕刻、到着。空港では、モロトフ外相ら政府高官たちが居並び、最高の外国政府来賓扱いで出迎えた。モンゴル人民共和国を、他の強国並みに中国の外交官たちと記者たちに見せ付ける演出であった。

翌五日夕刻、チョイバルサンはクレムリンでスターリンや党政府要人たちと会談した。

スターリンは「中国政府は今に至るまで貴国の独立を認めていない。今、我々の方から独立について折衝しているが、芳（かんば）しくない。しかし、中国代表団は最終的に独立を承認するだろう」とチョイバルサンを安心させた（L・バトオチル『チョイバルサン』一七三頁―一七四頁）。

次の議題は、モンゴル人民共和国を対日参戦させる件だった。「貴公の下に戦略・戦略に優れたプリエフ将軍を我が軍の司令官として派遣する。彼を参謀長か補佐官として使ってほしい」と、スターリンは言った。

これを了承する前にチョイバルサンは、「モンゴル軍の要求を充足してほしい。モンゴル軍に提供された新型の戦闘機に必要な部品、装備、燃料の供給、兵士三千人分の軍装の追加支給、戦闘時のモンゴル人民革命軍に必要な補給をバイカル湖南部の前線から行なうことである」と、要望した。

スターリンは即座に担当指令室に電話し、「問題があれば、赤軍参謀本部長に直接会って話し合ってくれ」と言った。

七月八日、チョイバルサンは、陸海空の儀仗兵の立ち並ぶ中、空港を発った。翌日、小ホラル幹部会で会談内容を報告した。モンゴル人民共和国は、ソ連の対日宣戦布告二日後の同年八月一〇日、日本に宣戦布告した（以上、L・バトオチルの前掲書一七三―一七五頁）。

同年八月一四日の中ソ友好同盟条約で、国民党政府はモンゴル人民共和国の独立に条件付きで同意した。それは、北モンゴル人民の独立への強い意志を人民投票によって確認できれば、「現在の国境内」での独立を承認するだろうというものだった。

同年一〇月二〇日、中国人監視人の立ち会いの下に人民投票が行なわれ、百パーセントの選挙民の賛成投票、四八万七四〇九票が、中国からの独立に賛成した。四六年一月五日、国民党政府は宗主権を正式に放棄し、モンゴル人民共和国の独立を承認した。

モンゴル人民共和国の国際法上の承認という代価を支払った結果、「さしあたっては北・東・内モンゴル地区を一つの大モンゴルに糾合するのぞみは断たれた」（ハイシッヒの前掲書二七二頁)。

一九三三年三月に取り交わしたソ蒙相互援助議定書の期限が切れ、四六年二月二二日、格上げしてソ蒙友好相互援助条約が締結された。この時、スターリンは南モンゴル問題に話を向けて、「満洲モンゴルと内モンゴルに独立国家を樹立しようとすれば、中国と新たに戦争を始めることになる。そんな戦争が、今、必要か」と言った。

「(そうならないように) 宣伝教化するということか」とチョイバルサンが訊いた。

「静かにはなる」と、スターリンは答えた (O・バトサイハン『モンゴル民全権国家への道』三五七頁)。

四六年三月九日、クレムリン宮殿エカテリーナ広間でのパーティで、スターリンは中ソ友好同盟条約交渉中のやりとりを漏らした。中国側は、もし北モンゴルの中国からの独立を認めたら、チベット、内モンゴル、その他の (少数) 民族も同じことを要求するから、北モンゴルの独立を認めたくないとスターリンに説いたが、スターリンは、北モンゴルの独立を認めないなら、ソ連は対日参戦しないと突っぱねた。すると、中国側は仕方なく承認した、とチョイバルサンに恩を着せた (バトオチルの前掲書一七八頁)。

四七年夏、チョイバルサンは健康上の理由でモスクワに滞在していた。八月二七日夜、スターリンを非公式に訪問した。懇談は三時間続いた。

スターリンは、中国での共産党軍の動きはどうか、徳王はどこにいるか、などと訊いてから、「全モンゴルを統合するには、人民を一人の指導者の下で指導すべきだ。全モンゴル人をチョイバルサン元帥指導の下に統一するために」と、言って乾杯し、懇談を終えた。(前掲書一八二頁)。

共産党軍は、四八年一一月初旬、満州全域を占領した。四九年一月上旬には揚子江北岸を支配下に置き、南京は軍事的脅威に曝された。九月下旬には内モンゴル全域が共産党の支配下に入った。

チョイバルサンは、四九年夏の一カ月、黒海沿岸のソチで療養していた。九月三〇日、近くで保養していたスターリンを訪ねた。懇談は一五時から始まり、長短の休憩を入れて、翌朝の七時まで続いた。スターリンは、最近、毛沢東から手紙が来て、南北モンゴルを併合して自治権を与えて中国に帰属させたい、と持ちかけていると言う。毛沢東は北モンゴルに執着していたのだ。以下の鍔ぜり合いはバトオチルの『チョイバルサン』(一八五頁―一八七頁)を対話体にしたものである。

(スターリン)「北モンゴルの人民はすでに独立の妙味を味わってしまった。今更、中国に自治権を与えられても、帰属するだろうか。これは毛沢東が言い出すべきことではないだろう？　毛は南北モンゴルの統合に反対しているのではない。南北モンゴルを自国に組み入れたいのだよ」

（チョイバルサン）「毛沢東がこの件を我々に尋ねたことは一度もない。北モンゴルは独立国ですよ。本来的にモンゴルには内も外もなく、同じモンゴル人だから、併合統一は当たり前だ。

我が両モンゴル人は、言語も習慣も宗教も同じくし、その上、南モンゴル人は我々との統合を望み、多数が我が国に入って来ている。我々は国境で分割されているが、南モンゴル人は我々と併合して、中国の一部とはならずに独立するのが適切である」

一九二五年八月に赴任したモンゴル駐在コミンテルン代表のアマガエフは、「北モンゴルが他のモンゴル族の意向を考慮しないで全モンゴル族を統一するのは適当ではない。全モンゴル族の統合は、それらがすべて民族解放を得た後にそれらの間で協議して決定することである」とした（生駒雅則『モンゴル民族の近現代史』四〇頁）。

南モンゴル人はまず自分たちで独立を果たすべきだと、チョイバルサンも以前は思っていた。しかし、ソ連は、ロシア革命によって「民族解放を得た後」のブリヤート・モンゴル族に北モンゴルとの統合を許さなかったではないか。南モンゴル人の意向も、当初から、民族独立運動への援助と北モンゴルへの統合だった。今のチョイバルサンは明らかに、南北モンゴル統合独立を考えていた。

(スターリン)「そうであれば、自治よりも独立の方が良いだろう。我々もそう考えている。この問題は貴公ら自身の問題だ。しかし、今、何が何でも統合しようと、急ぐ必要はあるまい。中国とは揉め事を起こさない賢い政策が必要だ。

毛沢東は今、満洲を手に入れ中国を完全に解放することに全ての注意を向けているから、国内の民族問題を考える暇もなく、知識、経験も未熟だ。しかし、満洲を占領したら、この問題が浮上するだろう。だが、留意すべきこともある。もし貴公らが南モンゴル統合問題を提示したら、毛は反対するだろう。それには難しい面もある。南京政府が成立した時、自国をばらばらにして、外国の帝国主義に与えてしまった。外モンゴルの独立も認めてしまった。しかし、毛は国民政府がばらばらにしたのを統合し自国を一つにしようとしている。南モンゴルを自国に統合するのは実に困難な面がある。一〇月革命後に、フィンランド、ポーランドなどの国々をロシアから分離して独立国にした。これはレーニンだけがやれることだった。毛沢東はレーニンではなく、こんな真似はできない」

(チョイバルサン)「もしも南モンゴルを我が国に統合したら、ソ連邦の一員になるのか?」

(スターリン)「貴公らは我が連邦に入る必要はない。我々は南北モンゴル統合を支援するが、ロシアの支配下にも中国の支配下にも入らず、統一された独立国であることを望んでいる。我々ボリシェビキは一つの民族を一つにする立場に常にいた。例えば、西ウクライナ、西白ロシアを一つにしたではないか」

スターリンは南北モンゴルを併合した独立国樹立を支援はしても、一方で毛沢東の多民族を統合した中国を樹立したいという毛沢東の政策を非難する根拠はないと説明し、この問題は双方のモンゴル人が決めることだとして、チョイバルサンに主導権を握るように諮(はか)ったのだろう。(バトサイハンの前掲書三六三頁)。

すでに南北モンゴル統合を実行できる条件も失い、時機も逸していた。スターリンとしては、さらに話を先鋭化して、中国との関係を悪化させる気はなかった。ソ連は、弱小な衛星国モンゴルよりも、大国中国との利害を常に優先させてきた。

チョイバルサンはスターリンと懇談した後で、内モンゴル独立運動の頭目・徳王と会って、統一モンゴル国樹立についての話し合いを望んだようだが、すでに時機を逸していた。徳王との行き違いについては後述する。

中華人民共和国が成立すると、その五日後の四九年一〇月六日、モンゴル人民共和国は、これを承認し、外交関係が樹立された。

同年一二月一六日には毛沢東が、翌年一月二〇日には周恩来がモスクワに到着し、二カ月に及ぶ長い条約交渉が行なわれた。重要な議題の一つが北モンゴルと新疆の独立問題だった。交渉は難航したが、五〇年二月一四日、中ソ友好同盟条約が締結、四五年に国民党政府との間に締結された中ソ友好同盟条約は破棄された。

モンゴル人民共和国との関係については、「両国政府は、一九四五年の人民投票及び中華人民共和国とモンゴル人民共和国との外交関係樹立によって、モンゴル人民共和国の独立が完全に承認されたことを確認する」と共同声明の中で保証された。

チョイバルサン亡き後の五二年八月、スターリンは、中国国境への鉄道敷設について会談した時、チョイバルサンの後継者のツェデンバル首相に、中国との関係について尋ねた。「悪くはありません。以前は拙かったが、今は改善されています」「それは仕方がない。以前、中国は貴公らをしようとしたのだから。今、中国の政府は良くなった」

スターリンはチョイバルサンの南北モンゴル統一の願望を知っていた。ツェデンバルの統一についての見解を確かめたかったが、ツェデンバルには定見ができていなかったのであろう、内モンゴルを統合する話は引き出せなかった（バトサイハンの同書三六四—三六五頁）。

スターリン亡き後の一九五四年、フルシチョフが北京を訪問した。その時、毛沢東はフルシチョフに「中華人民共和国の管轄権のもとで、外モンゴルと内モンゴルを合併できないか」と持ちかけた。フルシチョフは、それはモンゴル政府の関与する問題であって、ソビエト政府の問題でもなければ中国政府の問題でもないと答えた（Ｔｓ・バトバヤル『モンゴル現代史』六九頁）。

（２）北モンゴル〔モンゴル人民共和国〕側の動向

受け入れ側であるモンゴル人民共和国は併合にどんな動きを示したか。

少なくとも満蒙への進駐当初、モンゴル人民共和国軍は南北モンゴルの統一国家の建設を公然と積極的に呼びかけていた

チョイバルサンは、一九四五年八月一〇日、兵士を戦場に送り出すに際して、「南モンゴルの人民を日本と中国から解放することが人民革命軍の戦闘目的であり、これは南モンゴル人民に自分たちの運命を自分たちで決定づける機会を与えることでもある」と演説し、さらにラジオを通じて共和国人民に訴えた。

「我々は英雄的赤軍兵士として団結して、日本のファシストどもを壊滅し、侵略占領した者どもを徹底的に粉砕した末には、自由で独立し全権を備えた兄弟の国家として一つに統一する事業に着手するだろう」（バトオチルの前掲書一七六頁）。

対日参戦の頃は、少なくとも対中国的には、汎モンゴル主義は厳しく非難されていた。にもかかわらず、チョイバルサンは世界に向けて宣言した。彼一人の独断専行だったとは思えない。

スターリンとは了解済みだった、とバトオチル氏は推測している（前掲書一七六頁）。

大戦後、蒙古軍第九師長ウルジオチル［ウルジェイ・オドセル］は、部下二百人を連れてモンゴル人民共和国に赴いた。彼らは内モンゴルに戻り、中共軍の一隊となって遊撃戦を展開した。「モンゴル人民共和国軍がモンゴル人を再教育するためにモンゴル人民共和国につれて来たことは、東部、内モンゴル地域をモンゴル人民共和国に編入する考えをあくまで追っていたことの証左である」とW・ハイシッヒは見ている（田中克彦訳・前掲書二七〇頁）。

当時、フルンボイルの草原にいたツェベクマ女史の体験に拠れば、この時期、チョイバルサン元帥は「血肉を分けた兄弟である内モンゴルを解放し、内外モンゴルを統一する時が到来した」と呼びかけていた。この呼びかけの宣伝ビラを飛行機から撒き、進攻して来た共和国軍兵士たちも口々に「統一」を叫んでいた。小躍りして喜んだ人々は、進攻して来る共和国の部隊に食糧や家畜、乗用馬を惜しみなく提供した。

不安定な状況を嫌った一部の人たちは北モンゴルを目指した。特にフルンボイル草原とハイラル周辺に住むバルガ族の移動は大がかりで、牛馬にゲルや家財道具一切を積み込み、財産の家畜を追いたてながら集団で北モンゴルに移住した。**満洲国軍上佐のシャリブー**は千人、戸数にして二百戸と約八万頭の家畜を率いて、ハルハ河の国境を越えた。混乱の中、国境はあっても、ないに等しい状況だった。

しかし、「ソビエト戦車隊はモンゴル人民共和国の国境線までしか後退しなかったと言われている。かれらは当分の間、北モンゴル人がことによると抱くかもしれない合併の考えを、めばえのうちにつみとってしまうため、そこに配置された」と、ハイシッヒは伝えている（田中克彦訳・前掲書）。ただし、戦車の砲口は北モンゴル側に向き、北から南への移動を阻止したのであり、南から北への移動は黙認されていたに違いない。

まもなく共和国軍も本国に帰還し始め、一〇月半ば過ぎになると、モンゴル人民共和国側が国境を閉じてしまった。

九月末頃から、ツェベクマ女史は新バルガ右旗のアルタン・エメールの小学校でモンゴル語の読み書きと算数を教えていた。

秋も深まった頃、アルタン・エメールにモンゴル人民共和国の外務副大臣ラムスレンがやって来た。各地から多くの青年たちが集まって来た。ラムスレンと会見して、「何とか内外モンゴルの統一の道はないのか、統一が無理なら、せめて内モンゴル独立への支援を」と迫った。が、ラムスレンは、「内外モンゴルの統一は不可能であり、モンゴル国は内モンゴルの独立を支援することもできない」と言明した。この外務副大臣は統一独立運動を「沈静化」しにやって来たのか。「それならば、せめてモンゴル人としてモンゴルの国造りの手伝いをさせて欲しい。内モンゴルの若者を貴国に留学させて欲しい」

と、食い下（さ）がった。「あなた方は、この地で民衆のために努力すべきだ」

と、一旦は拒否されたが、試験をして優秀な者を留学生として受け入れることになった。五人ほどが合格してウランバートルに留学することになった。しかし、これは、なだめすかすための方便にすぎなかった。(以上、鯉淵信一訳『星の草原に帰らん』七八頁—八五頁)。

ソヨルジャブ氏らハイラルと南屯[ソロン旗]のモンゴル人たちは、ソ連軍の空爆を避けて、ハイラルから伊敏河に沿って南下した草原にいた。

八月二〇日頃だった。一台の軍用トラックが草原の宿営地にやって来た。共和国軍のトラックで、荷台には二〇人ほどの若い兵士が乗っていた。荷台の上からメガホンを持った男が牧民たちに呼びかけた。小高い丘に停まったトラックを取り囲む牧民の数は数十人になり、しまいには三百人にもなった。数人の兵隊が集まった牧民に粗末な印刷物を配って歩いた。大きな文字で「モンゴル人民解放」と書いてあった。彼らは宣伝隊だった。

やや年配の男が丘の上で演説を始めた。彼はサムソロンというモンゴル人民革命党の宣伝部長だった。

「我々モンゴル人民革命党は、ソ連軍と一緒に、内モンゴルの人民を日本の圧政から解放しに来ました」

「我々は同じモンゴル人です。今こそ我々と内モンゴル人は一緒になって統一をしましょう」

その夜、一六ミリ映画が上映され、外モンゴルの草原の祭り、移動する家畜、牧草地、首都ウランバートルの町が紹介された。翌朝、トラックは次の放牧地アムグロンに向かった。

暫くして、ソヨルジャブはハイラルに帰った。日本人が残して行った小さな「フルンホテル」には「フルンボイル自治政府」ができていた。自治政府から、チョイバルサン元帥に合併独立を請願するために代表団を送ることになった。六人の代表は九月の初旬、トラックに乗ってウランバートルに出発した。チョイバルサンに請願書を手渡したが、返答は極めて曖昧だった。十日間滞在し、失意のうちにハイラルに戻った。

報告会が開かれ、会議を重ね、留学生を派遣することになった。ソヨルジャブは六人の留学生の一人に選ばれた（以上、細川呉港『草原のラーゲリ』六〇頁—七三頁）。

北平蒙蔵学校出身の**陳国藩**は、徳王の内蒙古高度自治運動に初期から参加し、大戦末期、自治政府主席府・参議府秘書官をしていた。

徳王はモンゴル語の書物のための出版社と印刷所を設立した。陳国藩はその経営を任されていた。これらの施設は、モンゴル人の文字を読める層のために、日本の政治的宣伝物の他、モンゴルの民族運動、行政、文法や衛生に関する本を次々と出版した（ハイシッヒの前掲書二五七頁）。

終戦時には、蔣介石に重慶行きの飛行機を要請する電文を起草したり、ソ連・外蒙連合軍との連絡のため張北に派遣されるなどしていた。

陳国藩、モルゲンバートル、トモルドクシの三人は張北に到着すると、自治政府の連絡員であるという身分を示す証明書も携帯していなかったので、捕虜として勾留(こうりゅう)されてしまった。二、三日、穴蔵に監禁された。処刑されに追い立てられて行く途中、幸いモンゴル人将校たちと出会い、その保護下に置かれた。徳王府に行って見ようということになり、着いて見ると、徳王らは待ち切れず、北平に発った後だった。陳国藩の自宅も空になっていた。モンゴル人将校は北モンゴル行きを勧めた。そこで任務を果たせる可能性もあると考えて、四五年九月、ウランバートルに入った。(『徳王自伝』三二一頁、『ビレクト手記』七三頁)。

徳王は、アラシャ旗の定遠営で西蒙自治運動を始めた四九年四月頃から、モンゴル人民共和国との接触を求めていた。甥のアルタンオチルを国境地帯に派遣した。徳王の家族はソ連・外蒙連合軍のシリンゴル盟進攻後、ウランバートルに送られ、長男のドガルスレンはチョイバルサン大学に学んでいた。連絡員がドガルスレンの直筆の手紙などを携えて、定遠営にやって来た。

チョイバルサンは、早くから徳王との会見を望んでいた。アルタンオチルの私信には、「我々はあなたが蒙古人民共和国に来られることを希望します。あなたが来ることを承知されるなら、チョイバルサン元帥と全人民は真心をこめて、あなたを歓迎いたします」(森久男訳四〇九頁)と、書いてあった。

一二月三日、モンゴル人民共和国内務大臣B・ドインホルジャブ少将[1]は、徳王を密かに自国に連行することを承認した。徳王がチベットを越えてインドに入り、アメリカに亡命することを防ぎ、その抵抗勢力を四散させるためである（『デ・ワン』二六一頁）。

一二月二九日、国境のチャガントルゴイでモンゴル人民共和国内務副大臣バヤルと会見した。

「チョイバルサン元帥はあなたと大事な話があるので、再度私を派遣して、あなたがウランバートルへ行かれるよう要請しています」

バヤルとハラエルグで初めて会見した時、「民族運動に従事した者は誰であれ、蒙古人民共和国へ避難すれば、すべて滞在を許可します」

と、言っていた。

「チョイバルサンは外蒙古で、私は内蒙古で活動をおこなう。すすむ道は異なるが、将来、同じ目標にたどり着き、内外蒙古を併合して統一した『大蒙古国』が樹立できる」

「一人の蒙古人として、チョイバルサンはけっしてロシア人の支配に甘んじることはなく、必ずや独立自主の考えを持っている。私という人物が彼と協力して、内外蒙古の併合問題をすすめれば、彼もきっとそれを望むか、あるいは公然と私を支持するのは都合が悪いにせよ、以心伝心で黙認してくれるかもしれない」（『徳王自伝』四二一頁）

と、徳王は希望的観測をした。

モンゴル国のジャーナリスト・バーバル氏[2]に拠ると、チョイバルサンには、南北モンゴルを併合できたら、北モンゴルを**ボムツェンド**に、南モンゴルを徳王にそれぞれ任せ、自分は両モンゴルを指導する意図があった。この考えをスターリンに提示したが、スターリンは確答を避けたという。

対中共政府について徳王とバヤルとの間で、以下のやりとりがあった。

（バヤル）「現在、中華人民共和国がすでに成立し、我が蒙古国と中国はやがて外交関係を結ぶことになります。あなたにどのような事情があるにせよ、北京側に請求されるのが一番よろしい。我々は外国の内政に干渉することはできません」

（徳王）「もし私が蒙古人民共和国へ行けば、中国と蒙古の国交に影響を及ぼすのではないですか」

（バヤル）「それはかまいません。あなたが来訪を承知しさえすれば、我々がすべての責任を負います」（以上、『自伝』四一五、四二二頁）。

徳王の「亡命」は秘密裡に手配された。やはり、チョイバルサンは、一九四九年一〇月一日に成立した中華人民共和国との国交に影響を及ぼすことを怖れていた。

ウランバートルへ出立するに当たって、内務部次長のバヤルは、「今回、あなたが蒙古人民共和国の首都へ行くにあたって、絶対に秘密を守る必要があります。あなたのこの服装ではだめなので、着がえる必要があります」

と言って、とても上等な皮の上着を取り出し着替えさせ、徳王の随行員たちも別の服装に着替えた（『徳王自伝』四二二頁）。

出発に当たって、徳王が配下の部隊に対する給養を依頼すると、バヤルは「その件はウランバートルに行ってからのことにしましょう」（『徳王自伝』四二三頁）と、答えを保留した。

一台の大型トラックに乗った徳王と秘書らの一行は、同年一二月末、モンゴル人民共和国に向かって北行した。

注

（1）一九三六年二月、「内務処」が「内務省」に昇格し、チョイバルサンが初代大臣になった。**ドインホルジャブ**（Дуйнхоржав）は生粋の内務官僚で、四一年副大臣、四九年大臣に昇進した（『デ・ワン』二六一頁）。

（2）一八八一年、トゥシェート・ハン部エルデネ王旗（現セレンゲ県）の貧しい牧民家庭に生まれた**ボムツェンド**（Г. Бумцэнд）は、一九二一年二月初めのスフバートルの募兵に応じて人民義勇軍に参加、キャフタ攻略に奮戦し、陥落後、守備隊長に任命された。クーロン解放後は連隊を率いて白軍（ウンゲルン軍）の掃討作戦に従事した。一九四〇年までは主としてアルタンボラク市に民政を敷き、セレンゲ県やアルタンボラク市の協同組合長も務めた。四〇年三月、人民革命党中央委員に選ばれ、国家小会議議長も務めた。以後一〇年余り、チョイバルサンに次ぐ立場にあった。ソ連からはレーニン勲章を授与された。一九五三年没。

第七話　脱南者たちの明暗

一九五〇年一月二日、徳王ら一行はウランバートルに到着した。モンゴル人民共和国内務省は、接待しながら監視し、亡命の真意を探ろうとしていた。当局は、徳王がもし南北統一独立を進めようとしているならば、それを翻意させ、クワイズフに駐留している自治政府職員と部隊を解散させようとしていた。しかし、徳王がウランバートルに赴いたのは、南北モンゴル統合独立と部隊の給養の確保のためだった（『自伝』四二三頁）。

徳王との会見は、内務大臣ドインホルジャブ少将、ソ連顧問ランファング中将、通訳の同席では、一月三日と六日の二度、行なわれた（以下は『デ・ワン』一二六八頁—一二八八頁に拠る）。

（大臣）「あなた方の目的は、自治政府を中国政府に認めさせることだと私は理解しているが……」

（徳王）「そのとおりです。この政府を南モンゴルが北モンゴルに併合されるまでの間、承認してもらうのです。このように統一しようとしているのに、東西に分かれたのはどうしてかと言えば、以前に、東モンゴルに北モンゴルが樹立した政府を中国側が廃止して、ウランフーに政府を創設させました。最終的に頃合を見て、南モンゴルを北モンゴルに併合することについての人民の考えを集約することになれば、その時には、この政府は人民の意志を力で抹殺することになるのだろうかと思って、こうしているのです。それで、北モンゴルは我々の事業に注目しているのでしょう？　これを北モンゴルの友邦であるソ連も承認するだろうと考えております」

（大臣）「中国に建国された新しい民主国家は自国内の少数民族に自由権を与えているのを知っているでしょう」

（徳王）「そういうことを聞いたことはあります。そもそも一九四五年、北モンゴルが日本と開戦した時、興安モンゴル、内モンゴル、フルンボイルを北モンゴルに併合すると宣言したでしょう？　それに基づいて、内モンゴルの人民には北モンゴルと併合したいという願望が大きく燃え上がったのです。私は人民のこの願望と志向を確認して、この事業を起こしたのですよ」

（大臣）「これは、ゆっくりと話し合う必要があります」

（顧問）「あなたの樹立した政府の政策は間違っている。なぜなら、あなたが自治のために闘う自分の軍隊を保持することは、中国の民主化した政府に反抗することになる。もしあなたがこの政策を改めず、自分の軍隊を保持し続ければ、南モンゴルの人民を中国の人民と敵対するようにし、さらにあなたの軍隊は解放軍の攻撃に遭って一掃されるに至るでしょう」

(徳王)「しかし、そうなるかもしれないので、北モンゴルと同盟して、中国からの武力弾圧に遭ったら、支援してもらおうと考えています。そもそも我々の考えが間違っていると言うのがよろしくないと考える。特に同じ民族である北モンゴルからは、熱烈な支援があるだろうと思います。しかし軍隊については返答をもらってから決断します」

(顧問)「南モンゴルでは武力で自治を闘い取れると考えているのですか」

(徳王)「それはできないでしょう」

(顧問)「そうであれば部隊を解散して中共政府に代表を送り、我々が部隊を解散したと報告してから、自治権の問題を協議するのが適切だと思う。あなたが本当に自治を望んでいるならば、自分の部隊を解散し、その後で代表を北京に送って、友好的に自治を獲得すべきです。これより良い道はない」

(徳王)「もし南モンゴルが北モンゴルに統合されたら、どうなるか？　ソ連はこれをどう見るか？　また北モンゴルはどう思うか？」

(顧問)「私はソ連の政策をよく知らないが、我が国は圧迫されている民族が独立するのを支援する」

（大臣）「北モンゴルも同じで、併合するかどうかは人民が決めることだ。今、南モンゴルの人民は新しい状況下で新しい生活をしている」

（徳王）「私の要望と人民大衆の考えを、北モンゴルとソ連に擁護し支援してもらいたい」

（顧問）「あなたが今の誤った立場に依拠している限り、民主化したソ連も北モンゴルも中共も援助できない」

（大臣）「これまで我々が話したすべての問題を結論づければ、第一に部隊を解散して、中共政府の承認を得ること、第二に自分の目指すモンゴル民族の統一独立問題は友好的に提案すべきだ」


こうして第一回の会談を終えた。次の難題はいかに徳王の部隊を解散させるか、だった。第二回会談の席で徳王は、「それなら、南モンゴルを北モンゴルに併合する問題はどう解決するのか」と確めようとする。

ドインホルゴル大臣は、「この問題については、後日、協議すべきです、今は提案できない。なぜなら、中国国内において政府の樹立が確立していないからです。いつか好機が来たら、この問題を提案すべきです」

と、確約を避けた。

徳王が、「自分が戻らなければ、部隊が争乱を起こすかもしれない、自分が説得に赴く、行けなければ責任が持てない」と言うと、部長は、「手紙を書いてください。指導部を国境まで呼ぶ理由を、あなたに説明しましょう」と言う。

徳王は、「部隊全員を北モンゴルに入れることはできないか、そこで解散させれば混乱し争乱になると思うが」

「あなたの側近と指導部だけを連れて来ればいい。武装して独立問題を提案するのは間違いだ。武器を一カ所に集めて、兵士は各自、家に帰しましょう」

ついに徳王も折れた。手紙を受け取って、李守信、スフバートル、トクト、ダグワオスルら二十数名がモンゴル人民共和国に亡命した。

その手紙の中で、徳王は中共側の動きについて、「モンゴル人民共和国のラジオ放送によれば、中共政府は中国内の少数民族に独立あるいは自治へ移行する機会を与えるらしい」「中国の新政府は私に代表を送り会見させるようだ」「中国新政府は少数民族間に友好関係を確立する手段を講じ、人民大衆の願望を満たそうと努めている」などと伝えている（『デ・ワン』二八二頁）。

徳王は、二月二七日、バンダン上佐とツョイジル上佐によって逮捕される。

三月一日、オチルバト（バヤル）内務部次長は尋問を開始するに当たって、言った。

「現在、指導者の指示を仰いで、私がお前に対する尋問の責任を持つ。もともと、我々はお前を何日も見守ってきたが、いささかも罪を悔いる態度が見られない。現在、中国側はお前を極悪非道の犯罪者であると確認しており、中国への送還処分をしなければならないが、我々は現在、お前を教育中であると答えておいたので、まだ送還しない」（森久男訳『自伝』四三六頁）。

その後、正式な尋問の段階に入り、九月一八日まで続く。モンゴル人民共和国内務部は徳王に六つの罪状を科した（『デ・ワン』二九一頁）。

①日本帝国主義者と結託したこと
②南北モンゴルを統一し、大モンゴル国樹立を図ったこと
③「蒙古青年同盟」の主要メンバーであったこと
④国民党と一緒になって反抗したこと
⑤アメリカのスパイになり、彼らの依頼でモンゴル人民共和国とソ連邦に侵入しようとしたこと
⑥蒙中の国交を破壊しようとしたこと

①との関連尋問で、「お前が日本の特務になった事情を話しなさい」と、オチルバトに問われたのに対して、徳王は「あなたが私を日本の特務と見なすのなら、私は首を取られても承服できません」と否定した（『自伝』四三七頁）。

これとの関連で、ドインホルジャブ内務部部長は、李守信を徳王と対面させて、「蒙疆政権

の頃、デムチグドンロブは内外蒙古を合併して、ソ連領内のブリヤート蒙古さえも含む大蒙古国を樹立し、大皇帝になろうと考えていました」

と、李守信に言わせている。

また、トクトと対面させて、「日本帝国主義がデムチグドンロブと結託して傀儡蒙疆政権を樹立したのは、蒙疆を軍事基地として蒙古人民共和国とソ連への進攻を企むものです」

と、トクトに言わせた（同書四四二頁）。

さらにダグワオスルには「徳王は蒙古青年同盟の主要メンバーです」と言わせた。徳王は③の「蒙古青年同盟」の規約すら見たことがなく、主要メンバーでないばかりか、普通の同盟員でさえなかった。そもそも「蒙古青年同盟」は、徳王に協力は求めたが、彼の個人的影響力を懸念して、彼を同盟員には勧誘しなかった。

③との関連でオチルバドが示した、アメリカのラティモアに宛てた手紙の元の原稿は、秘書官のゴンボジャブの直筆で、「蒙古青年同盟」がしたことで、自分が首謀者ではないと弁明した。しかし、それは当時の自分の考えと一致していると認めている（『自伝』四三八、四四二、四八一頁、『デ・ワン』二九二、三〇七頁）。

これと関連して、ダグワオスルに徳王は「同盟の重要メンバーです」と言わせている。

徳王からすれば、①③④⑤⑥の「罪状」は全て②の南北モンゴル統一運動に収斂する。オチルバトは「お前が内外蒙古の合併をはかったのは、中蒙国交の破壊を企むものである」（森久男訳四三八頁）と断定する。

「あなたは私を利用して民族工作をすすめたいと言ったではないですか」と徳王が反問すると、「我々はそう考えたことはあるが、その時期はすでに過ぎ去った。今はもうお前を利用しない」と、オチルバトは返答した（同訳同頁）。

要するに、脱南者たちを断罪する否かの裁断は、彼らが南北モンゴル統合独立運動を意図しているか否かにあった。

一九五〇年八月頃、徳王は清書された全ての供述書に改めて、署名させられた。そのうちの二案件は供述した覚えがなかった。一件は日本の特務機関の中嶋万蔵と結託したということだった。同年九月一八日、徳王は北京に送還される。

モンゴル人民共和国の将校たちに誘われてウランバートルに来た徳王政府秘書長の陳国藩は、時代の要請に合わせて、政治と語学の学習に勤しみ、南モンゴル出身の知識青年たちとマルクス主義研究グループを作って活動し、ロシア語を懸命に勉強してマルクスの『資本論』を二度も通読していた。

一九四五年末、日本人捕虜が連行されて来て強制労働させられると、その通訳として働いた。「労働者の道」という中国語新聞の編集をしていた時には、D・ナツァグドルジの「我が故郷」という詩を中国語に訳したりもした。

北モンゴルで暮らして残りの人生をモンゴルために捧げようと決心した陳国藩は、一九五〇年、劇団女優だったルスマーと結婚、一人の息子もできた。

「しかし、その年の一〇月一二日の夕刻、入口のドアを激しくノックして、内務省の者だと名乗る中国人が入って来て、逮捕すると告げました。手を上げさせ、家宅捜索している間に、ルスマーさんは気絶してしまいました。気を取り戻すと、陳氏は『私はすぐ戻る。安心して子供の世話をしなさい』と言って、追い立てられて出て行ったそうです。その後、音信がなくなり、一九五二年の一二月五日に銃殺されたと知らされました」（『ビレクト手記』一二四頁）。

徳王の長男の**ドガルスレン**は、一年以上にわたり一三八回尋問を受け、減食され拷問も加えられた（『デ・ワン』三一九頁）。取調官は、「陳国藩は私と反モンゴルの特務機関を作る相談をし、私はかれの意見に賛成しました。われわれの特務機関の頭目は陳国藩で、計一八名のメンバーがいました」（ドガルスレンの獄中日記　森久男訳）という偽りの供述を強要した。(注) ドガルスレンは五二年一月五日死刑を言い渡され、銃殺された。

「銃殺命令をシャーリンボーという人が執行し、執行前にアルヒを五杯飲んで出かけ、銃殺後に検死医の死亡証明書なしに、まだ息のある状態で埋めたそうです。撃たれる前に陳氏は、『兄弟よ、命中するように撃ってくれ』と言って、胸をはだけたそうです」（『ビレクト聞書』二二四頁）。

（注）　森久男『徳王の研究』三五二頁。

ソヨルジャブはフルンボイルから五人の仲間と一緒にウランバートルの党幹部学校［共産党大学］に留学した。正式名称は「スフバートル名称モンゴル人民革命党中央付属幹部学校」。予科二年、本科三年の五年制だったが、六人は本科の二年生に編入入学した。四七年卒業したが、他の五人とフルンボイルには戻れず残留、まもなく逮捕され、国民党のスパイか日本の手先かと尋問された。

フルンボイルでよく興安北省の省長のお供をした、日本はウランバートルよりはるかに進んでいる、南モンゴル人の兵隊を何千人も連れて来て捕虜扱いしている、北モンゴルの兵隊が南モンゴルから多くの牛や羊を分捕って来た、シリンゴル盟から留学目的で来た数百人の青少年に強制労働させているなどと、うっかり人民革命党の宣伝部長や組織部長にしゃべってしまったからだ。反革命の罪状で二五年の刑を言い渡されて、ウランバートル中央ラーゲリに収監された。

五四年、南モンゴルのフフホト監獄に移送、さらに五四年に青海省西寧の強制労働所に移された。六五年一〇月に仮釈放されるが、六九年青海省ツァイダム盆地に追放される。八一年、ようやく名誉回復した。（細川呉港『草原のラーゲリ』）。

一九四五年暮れ、住民千人（二千人とも言う）を引き連れてモンゴル人民共和国に移住した

シャリブー満洲国軍上佐はその四年後、日本軍のスパイ容疑でウランバートルの刑務所に収監。食事は一日一回、パンとお茶だけで、取り調べは早朝から深夜まで続き、背中と足を痛めた。一年後に釈放。一転して厚遇され、モンゴル東部チョイバルサン県に新たに創設されたフルンボイル郡［ソム］の郡長に任命された。五八年、モンゴル国立大学の満洲語教授に招かれ、日本語も講じた（一九九九年七月三一日付『朝日』夕刊）。

ビレクト少年らの一行は、国境の町ザミン・ウードで待機していた。南モンゴルの兵隊たちも続々とやって来た。兵士たちや生徒たちの多くが病気になった。生徒二人が亡くなった。しかし、誰も故郷に帰りたいと言う者はいなかった。

一〇月の末になってやっと、迎えのトラックがやって来た。「誰もが、車が何台来たのか数えました。五〇台以上の車でした。一台に平均して二〇人乗れば、千人近くになります。後で増加されて何台の車が来たのか知りません。……翌朝、暖かい服をもらって着た私たちは何かとても大きな掩蔽物（えんぺいぶつ）にでも入ったように心身共に温まって、大喜びでした。力強い車が低い音を響かせて、モンゴル国の中心部へと進んで行きました。……一日中、走って、夜中に車は止まり、寝て休むことになりました」。

そこはジャンジン・チョイルだった。ここで二晩か三晩、また待機して、少人数でウランバートルに移送された。

現在のウランバートル第一中学校（2012年8月19日著者撮影）

最初に収容されたのは、現在、モンゴル相撲宮殿がある所で、その当時、「バト・ツァガーン」と言われた中央監獄でした。

ここでの一カ月ほどの隔離生活の間に、また病気が蔓延（まんえん）した。

一一月の中頃だった。徴兵年齢者は全員連れて行かれ、徴兵年齢が過ぎた者と学齢期の者が残った。残った百人ほどの青少年はジャルガラント国営農場に移送された。

勉強しに来たのに肉体労働とは、と不満ながらも農業技術を学んで、四六年、モンゴル革命二五年祭を迎えた。

秋の大仕事を終えた、ある日、国営農場長が馬でやって来て、「君たち生徒はウランバートルの学校に行けることになった」と知らせてくれた。

「私たち一四人の少年は、一〇年制第一中学校に編入されました。この学校に入るのを望まない少年は、その当時、いなかったでしょう。北モンゴルに来て、一番の学校に入れるとは、実に幸運でした。ボグド山に登り、振り返って見ると、第一中学校の四階建ての白い校舎だけが、はっきりと見えました」。

「ビレトク手記」に拠ると、当時、ウランバートルに、南モンゴルの王公貴族や上級役人、党幹部や教師たちが多数、移住して来ていた。

内蒙古軍第七師の参謀長だった**ゴリモンソイ将軍**もその一人だった。部屋数の多い快適な丸太の建物に住み、国庫から全面的補助を受けていた。ところが、ほどなく将軍は「日本のスパイ、反革命、階級の敵」だとして監獄に入れられ、家族は内務省の役人にその家から追い出されてしまった。釈放されてから、将軍は暫く野菜売りをしていたが、モンゴル国立大学の教師たちが将軍の学識を惜しみ、大学に招き、大学の教師にした。

ビレクト氏は、モンゴル国立大学で化学を専攻、卒業後、母校のウランバートル第一中学校の化学教師となる。その間に農学博士号を取得、科学アカデミーの農業研究所員となった。ハルハ河の農業試験場の基礎を築き、ザフハン、セレンゲ、ドルノゴビで土壌調査を行ない、その集大成として、褐色土の灌漑（かんがい）研究で学位を取得した。この研究は後に国の内外で高い評価を得た。一九八六年末、灌漑農業の科学技術研究グループを立ち上げた。

一九九一年の定年退職後、ダルハン市に住み、ダルハン大学で中国語と日本語を教授した。二〇〇八年六月退職。現在、農業機械を販売する会社の副社長も務めながら、人文大学ダルハン分校で中国語を教えている。

第八話　中国送還後の徳王

一九五〇年九月一八日、徳王は監獄から引き出された。両手を後ろ手に縛られ、顔には目隠しをされ何も見えなかった。車に押し込まれた。飛行機に乗り換え、北京に飛んだ。

中国送還後、ひとまず北京で収監され、さらに張家口に移送され、長年、獄中で政治教育が続けられた。

以下は、政治防衛所（第一所）で徳王ら戦犯を担当した孫志明（そんしめい）の見た徳王である。

孫氏の少年時代、「お父さん」と呼んで慕っていた人が、八路軍のビラを貼った廉（かど）で縛られて広場に引き出され人々の前で、日本軍の番犬に噛（か）み殺されたり、親戚にも日本軍に虐殺された人が出た。一九四三年から抗日戦争に参加、日本降伏後の四七年に青年抗日救国会主任として正式に人民解放軍に加わり革命に参加、その後、華北行政委員会の公安部で働いた。五四年、各地の行政委員会が廃止になり、氏は内蒙古公安局に配属になった。

これらの戦犯たちがなぜ優遇されているのか疑問だった。当時の公安局職員の生活レベルは

中国で収監中の徳王

低く、衣食に苦労していた。職員たちがコーリァンとか粟を食べているのに、戦犯たちは白米と小麦粉製品を常食とし、魚や鶏肉を毎日のように食べていた。

徳王は他の戦犯たちより優遇されていた。他が雑居房なのに独房に住んでいた。徳王は食事に文句を言い、専属の炊事係がつき、彼の毎月の食事代は二〇元。公安部の部長でも一八元、人民共和国の国家主席に使う食事代だった。徳王は羊の肉を非常に好んだ。着る物も他の戦犯が着ている人民服を着ず、モンゴル服を着ていた。

最初の数年は扉を叩（たた）いて反抗し、生活面の要求も多かった。モンゴル人のパーチュジャン所長としか口を利かなかった。公安所の中に徳王専用の庭が作られ、徳王は独房とその庭だけで暮らし、他の戦犯との接触は一切なかった。

はじめ、戦犯一人一人に対して個別教育が行なわれたが、後に討論による集団学習に切り替わった。徳王が入室すると、他の戦犯たちが一斉に起立して徳王に席を勧めた。王公に対する尊敬の表明だった。職員たちは、これではいけないと、同じ戦犯なのだから、その必要はないと教育した。まもなく、徳王が入って来ても誰も気を使わなくなった。

はじめの頃、徳王は学習せず、討論の時に、発言できなかった。これを恥じてか、自室で本を読み、メモを作り、発言の準備をするようになった。モンゴル語の新聞と毛沢東の著作を読み、発言も活発になった。

五七年一〇月の国慶節を機に見学学習が始まった。目隠しされて管理所に連れて来られた戦犯たちはフフホトの町の変わり様に驚いた。徳王も同じだった。共産党には国を治める能力がないと思っていた戦犯たちは、共産党こそ人民（国家）の指導者であり、国を治める資格があると思うようになった。徳王も「内蒙古大学、医科大学などで内蒙古では今までこういった整った実験室の中でモンゴル族を教育したことはなかった。中国共産党は民族の教育に重点を置いている」「モンゴルの民族服を着ているモンゴル族の学生がたくさんいました。彼らは、同じ学校で漢族、モンゴル族が差別なく学習していることを見て、中国では民族差別のないことを知ったのです。服装も自分たちの民族習慣によって自由であるし、中国では差別なく民族平等だということを実感し、それまでの自分たちの考えが間違っていた、と反省をしました」と孫志明氏は回顧しているが、それは氏の観察である。徳王自身の言葉ではない。民族が平等でないことは文化大革命でモンゴル民族が最悪の扱いを受けたことからも、内モンゴル自治区の現実を見ても明らかである。

「私を殺すのなら、張家口のような漢族の地方ではなく、シリンゴル盟等の蒙古地方で殺してもらいたい」(『徳王自伝』四四六頁)と、中国送還直後に言っていた徳王だったが、次第に一日でも早い釈放を望むようになった。毎年一回(原則一人づつ)特赦が行なわれる。五九年一〇月の第一次特赦で、チャイウサン地区の司令官だったシュンムツゥンドゥクが釈放された。二回目は蒙古連合自治政府興蒙委員会副委員長のチョコバータル〔陳紹武〕だった。徳王は焦り始めた。釈放前の二、三年間、『蒙漢大辞典』作りに懸命になった。

六二年五月、徳王は黄疸性の肝炎にかかり、内蒙古医学院附属医院で長期療養を余儀なくされ、病状が持ち直した頃、家族との面会も許された。

徳王の三男オチルバトと夫人リンチンツォは公安庁の会議室で徳王と再会した――「もし別の場所であったなら、私は父を見分けられなかったかもしれない。当時、父は藍色の蒙古服を身にまとい、顔面蒼白で、顔中白いひげに覆われ、腰が曲がって、歩くのも難儀そうで、とても年老いたように見受けられた。私は一七年ぶりで(一九四五年春から一九六二年夏まで)、哀れな姿の父にようやく会うことができた。」(「徳王三男の回顧録」)。

徳王に面会する前に謄和処長はどのように話すかを指示した。モンゴル人民共和国で銃殺された長男ドグルスレンについては「モンゴル国立大学を卒業後、学校に残って仕事をしている」と、五九年に病死した五男オチルホヤグについては「ハイラルで教師になっていて、すでに結婚している」と言いなさい、シリンゴル盟文工団での仕事を奪われたオチルバトに対してはその文工団に勤めていると言わせ、シリンゴル盟の発展状況を詳細に紹介するよう指示した。

六二年九月、中国政府は徳王とその家族［妻とオチルバト］がフフホト市内に住めるよう手配した。六三年四月九日、国家主席劉少奇の特赦令［第三次特赦］に基づき、内蒙古自治区高級人民法院は徳王を釈放した。公安局の職員たちは特赦に際し、徳王のために黒いモンゴル服を新調した。徳王はそれを着るのを拒否した。モンゴルでは黒色の服は葬式などに着る物だった。新たに空色の服を作ってやった（孫志明）。徳王は中国語を知っているのに職員たちにはモンゴル語で通そうとし、通訳させていた。

六三年夏、全国政治協商会議主席周恩来は「緊急に歴史資料を保存せよ」と指令、内蒙古政治協商会議文史資料研究委員会は、内蒙古近現代史の生き証人である徳王と李守信に回想録の執筆を要請した。李守信には学問がなく、徳王は過去の記憶も薄れ歴史資料も手元になかったので、文史館は内蒙古参事室に勤めていたトフシン［旧名トグトフ］を助手にして回想録を口述筆記させた。トフシンは蒙古連合自治政府民政部文教科長で、徳王の秘書の一人だった。

六五年までに七篇の回想録が完成したが、文化大革命で出版が中断。文化大革命後の八四年一二月、出版されたが、第一章の主要部分が欠落していた。幸運なことに内蒙古社会科学院研究員の盧明輝（ろめいき）が文化大革命中、徳王に関する資料を地下に埋めて保管していた。盧は回想録の価値に気づき、徳王の許しを得て、筆写していたのだった。少年時代の盧の脳裏に威風堂々とした徳王の姿が焼き付いていた。第一章の百霊廟内蒙古自治運動に関する部分は、徳王の当初の自治運動の動機が如何に純粋で志の高いものだったかを物語っているからだ。便法として、国民党や日本軍部と結託しても、けっして彼らの傀儡(かいらい)とか手先になっていなかった。自伝は懺悔録の体裁は採ってはいるが、その行間では自分の政治的行為の正当性を訴えている（『徳王自伝』の訳者・森久男氏の評）。

徳王の蒙古連合自治政府時代に蒙古軍幼年学校に学んだビレクト氏の脳裏にも、往年の徳王の雄姿が鮮明に残っている。「徳王様は張家口にいる時に、よく訪ねる所が興蒙学院と私の小学校でした。オボー祭りやナーダムには旗の王公貴族と一緒にやって来ました。徳王様ご自身も弓射に参加し、メルゲン［最優秀な射手に与えられる称号］を奪い合うほどの腕前でした。一般観衆は大喜びでした」（ビレクト手記）。

六六年五月二三日、肝臓を冒されていた徳王は内蒙古医学院附属医院で逝去。享年六四歳。

第九話　汎モンゴル主義の現在

現在、世界のモンゴル人は大別して、北のモンゴル国、南の中国領内蒙古自治区、ロシア領ブリヤート共和国に住む。大雑把に、この三つのモンゴル住民を併合して一つの「大モンゴル国」を建設しようとする運動は、「パンモンゴリズム［汎モンゴル主義］」と呼ばれている。現在、中国では「三蒙統一（主義）」と呼んでいる。

世界のモンゴル人の人口は八百万。その半数が中国領内蒙古自治区に居住し、漢人とモンゴル人の人口比は五対一で、モンゴル人はマイノリティ。一九四七年の内モンゴル自治区の成立時に約束されたモンゴル民族の自治は実現されていない。

中国共産党のモンゴル政策は土地改革運動と絡めて巧妙に仕組まれた。土地改革とは、地主の土地を没収して貧しい農民に与えること。漢人農民を遊牧地域に入植させ、草原を開墾させて、その開墾地を入植農民に与える。貧しい漢人農民から見れば、わずか百頭の羊も養えないような草原でも広大な耕作地、だから、貧しいモンゴル牧民も地主階級。草原に鋤や鍬を入れれば、草原は二度と牧草地に戻ることはない。放置されれば、数年も経たないうちに砂漠化する。中国共産党は、故意にモンゴル牧民と漢人農民の雑居化を図り、モンゴル牧民を農民化して、漢化を進めた。土地改革運動中の漢族の地主やモンゴル牧民は、搾取階級として凡そ二百万人が殺害されたともいう（楊海英『墓標なき草原（上）』九七頁）。

文化大革命期に民族教育への抑圧とモンゴル族弾圧に遭い、南モンゴル人の民族としての発展は大きく後退した。南モンゴル人は、文革期の一九六八―六九年に約四万七千人が、さらに七〇年から九〇年にかけて計七千人が虐殺された。内モンゴル自治区人民政府主席だったウラーンフーまでが「ウラーンフー反党叛国集団の主帥［ボス］」と批判され、一九六七年に失脚した。

各民族が単独で国家を樹立すべきだとか、複数民族国家あるいは多民族国家であってはならないとか、言うのではない。複数の民族から成る国家であっても、「各民族が一律平等で、団結・互助を実行し……各民族が友愛・協力しあう大家族」（一九四九年九月の「中華人民政治協商会議共同綱領」）であれば、良い。

内モンゴル自治区の一部のモンゴル人たちは、中国政府の強硬な内モンゴル政策に対して、散発的ではあるが、異議を唱えてきた。

フフホトに中国で出版されたモンゴル研究に関する書籍を専門に扱う「モンゴル学書店」が

あった。ここの店主ハダー氏が一九九五年一二月、反革命行為などを理由に逮捕された。ニューヨークに本部を置く人権団体「中国人権」の発表によると、数百人から成る民族主義グループ「南蒙古民主連盟」の主席ら八人が逮捕された。さらに、この逮捕に抗議するデモがフフホトで二度発生し、二度目のデモは二〇〇人規模で、チンギス・ハーンの肖像画も掲げられた（一九九六年二月二日付『読売』）。

内モンゴル自治区の公安当局がハダー氏の家族に送った「通知書」には、ハダー氏は「政府転覆を企てた罪」「国家を分裂させようとした罪」「反革命集団を組織し指導した罪」の三つの罪により九六年三月起訴された、とあった（ウランバートルの旬刊紙で、南モンゴルにおける反体制運動をフォローしている同年六月の「イル・トブチョー」）。

中国政府は内モンゴル人の民族主義運動に対して如何なる方針で臨んでいるのか。中国共産党や公安当局は、これまで何度も内部通達という形で、民族主義運動に対する警戒を呼びかけ、同時に民族主義者に警告を与えてきた。

内モンゴル自治区国家安全庁の内部文書には「モンゴルは中国領」と書かれ、モンゴルの民主派はロシアのブリヤート自治共和国や中国の内モンゴルを加えた「大モンゴル国」樹立を目指している、と批判している。

一九九四年二月の内モンゴル党委員会の内部通達は、民族問題に関する三種類の文書を下部で検討するよう指示している。このうち一つ「党中央委が内モンゴルに関して出した指示の実施について」と題する文書には「『人権』『民族の独立』『三つのモンゴルの統一』などの運動はすべて内外の敵』が我が国を分裂させようとして行なっている活動で、人民の利益に反する」とあり、さらに内モンゴル自治区の少数民族、つまりモンゴル族の分裂主義者たちに関しては「外国の敵対勢力と共謀し、ダライ・ラマや新彊の分裂主義者たちと結託して、民族を分裂させる様々な組織を国の内外に設け、破壊活動を行ない、内モンゴルを祖国から切り離して『大モンゴル国』を樹立しようと企んでいる」と警告している。

さらに同文書に拠れば、一九九三年一二月、赤峰〔ウラーンハダ〕のモンゴル語師範学校に「モンゴル統一委員会ウラーンハダ支部」ができ、モンゴル民族統一のための運動を行なっているとある。さらに「ウラーンハダ支部」が出した「モンゴル人の兄弟たちへの書簡」には「将来、中国内部が混乱すれば、リトアニアがソ連から独立したように、我々も中国から独立する」と記されている（二木博史「パンモンゴリズムの現在」小長谷有紀『モンゴル』一九九七年所収）。

八〇年代後半と九〇年代はじめ頃、南モンゴルのモンゴル人数名がモンゴル国に逃れ、時折、南モンゴルの同胞の支援を求めて抗議運動を展開していた。

二〇〇七年六月八日、中国政府による転居の強制に反発した住民約五千人が公安当局と衝突し、二〇〇人以上が怪我をし、三人が拘束された。

南モンゴルの人権擁護活動家ハダー氏は逮捕されて一五年の禁固刑を科されていたが、釈放運動の結果、釈放され二〇一〇年一二月一〇日自宅に戻る途中、消息を絶ち、おそらく殺害されたと見られている。またハダー氏の釈放運動を指導した作家のG．ホーチンフー女史は一一年一月二七日から、行方不明になっている（二〇一一年六月九日付『ウヌードル』紙）。

日本には南モンゴル出身者が五千人も集まる。モンゴル族の権利擁護を目指す在外団体「内モンゴル人民党」は二〇〇六年、拠点を東京に移した。テムチルト氏を主席とし、漢族を農業移住させる政策が放牧地を奪い、過放牧を強いて草原を砂漠化していると抗議している（二〇〇六年三月四日付『朝日』夕刊）。

そして二〇一一年五月一〇日、シリンゴル地方の西ウジムチン旗で、石炭輸送車にモンゴル人牧民が轢き殺された。これを契機に、ここ三〇年来の、モンゴル族による最大規模の抗議行動が連日、続いた。

鉱山開発で沸くシリンホトでは五月二五日、赤や黄色の制服を着た高校生たちが、「モンゴル族の尊厳を守れ」と政府前広場を埋めた。デモは朝六時ごろ始まり、最大数千人規模に膨れ上がった。三〇日には区都のフフホトでも大規模デモが呼びかけられ、通遼、赤峰などの都市にも飛び火した。

中国当局は北京周辺の八つの師団を急遽、フフホト市に移駐させ、人民解放軍の幾つかの部隊を、抗議行動の中心になっているフフホト、ウランハド、シリンホト、通遼などの都市に入れ、厳戒態勢を布いた。また、フフホト、シリンゴル、ウランハドなど八つの都市のモンゴル人学校を当分の間、封鎖し、モンゴル語の新聞雑誌の発行を停止し、内モンゴル自治区内のインターネット接続を一時停止し、中国語のブロッグやチャットを規制して、抗議行動間の交信を断った。

日本在住の南モンゴル出身者たちも同年五月三〇日、東京都港区にある中国大使館前に集まり抗議し、約一三〇人が「草原を守ろう」「乱開発を止めよう」と声を上げた。

今回、一万人以上の学生や牧民が抗議行動に結集したと見られる。ここ二〇年来の緊迫した状況に中国当局は驚き、共産党中央委員会は、発生後数日のうちに三度も会議を開き、牧民の月収を八五〇米ドルにすると約束した。

一九九六年七月から九八年三月までの一年八カ月、北のモンゴル国で暮らした柴達木柳に拠ると、フフホトの芸大留学中の日本人は、「数年前には一時、モンゴル統一運動があったようだが、今はそういう運動家は姿を消している、モンゴル族の人々はいかにして漢族社会の中で自分の地位を確立して行くかを考えても、北のモンゴル国との統一を考えるような過激な人は見かけない」と、語ったという（『モンゴル　ゲルのくにはっけん』三五三頁）。彼女のモンゴル国滞在中に、中国大使館の斜め向かいの小さな広場で、中国政府を非難する横断幕を掲げて拡声器で叫んでいるのを一度見ただけで、北モンゴル側でもそれ以外は、それらしき運動は一度も見ていないという（三五四頁）。

しかし、併合独立は考えないにしても、モンゴル族の権利擁護運動は南北のモンゴルで今なお続いている。

一九九一年の楊尚昆主席のモンゴル訪問一カ月後の九月二九日、ダライ・ラマ一四世は、インドからソ連経由でウランバートル空港に降り立ち、第三回目のモンゴル訪問を果たした。同年一〇月二三日、中国政府の内モンゴルにおける人権弾圧に抗議して、約三百人の学生が中国大使館前で抗議デモを行なった。

一九九六年二月、北の「モンゴル学生連盟」のメンバーを中心とするデモ隊がウランバートルの中国大使館の周辺を行進して、南モンゴルで拘留されている多数のモンゴル人の釈放を求める嘆願書を提出した。

二〇一一年五月の南モンゴルの抗議行動に呼応しウランバートルで、「STOP植民地化」「STOP抑圧」などと書かれたプラカードを掲げて、大規模なデモ行進が行なわれた。

また、南モンゴル人側の情報をインターネットやフェイス・ブックで交換している民族主義者の若者グループは同年八月四日記者会見を開き、中国の政府と国民に対する要請書を中国大使館に送った。

中国政府はダライ・ラマを少数民族の分裂主義者と見て、ダライ・ラマのモンゴル訪問に常に反発を示してきた。二〇一一年一一月七日から一一日にかけてのモンゴル国訪問に際して、ガンダンテグチリン寺院のチョイジャムツ僧院長は「この訪問は単なる宗教的目的のためであり、政治的意図は一切ない」と強調し、「民主国では宗教は自由である」と語った。しかし、八日、中国外交部は「今回のダライ・ラマ一四世のウランバートル訪問に関しモンゴル政府に抗議する」と発表した。また、ロイター通信は「モンゴル政府はダライ・ラマの訪問スケジュールに入った多くの催しをキャンセルした。これは中国からのプレッシャーによるもの」とした（同年一一月一一日付『モンゴル通信』）。

モンゴル国の経済は中国の影響下にある。モンゴル国政府は中国中央政府の意向に気を遣う。しかし、かつて北との併合独立さえ望んだ南モンゴルだ。同胞の権利闘争を、北モンゴルは国を挙げて支援すべきだろう。

一九九六年、国際的非政府組織「モンゴル平和友好協会」が組織され、以来、年一回、「世界モンゴル民族会議」が開催されている。二〇一〇年は七月一五日から一八日にかけてブリヤート共和国のウラン・ウデ市で第四回大会が開かれ、世界の一一カ国のモンゴル人が出席。二〇一一年は八月二五日から四日間、第五回大会が開かれ、世界二五カ国から八〇人余りのモンゴル人がウランバートル市に集まった。

この団体はモンゴル民族の政治的統合を目指す組織ではない。世界各地に散住するモンゴル人は、それぞれモンゴル文化を育（はぐく）んでいるが、その経験を交換し、文化遺産として継承して行くことが目的。モンゴル縦文字は文化的統合の象徴の一つにしようとしている（二〇一〇年七月九日と二〇一一年八月二六日付『モンゴル通信』）。

一つの民族が自治独立を達成するには、多民族や他国からの支援が要る。北のモンゴルはソビエト赤軍の支援によって解放独立戦争に勝利した。しかし、南のモンゴルは頼りにした日本の敗戦により、自治独立運動は水泡（すいほう）に帰し、南モンゴル人には未だに自治権も人権もない。

［補遺］一九四五年八月「蒙古軍幼年学校」事件の真相とその後

1 はじめに

一九四五年八月、ソ連・モンゴル人民共和国軍が、日本軍占領下の満洲国と内モンゴルに進攻した。その時、満洲国軍の背叛逃亡があったことは、敗戦時の満洲国の混乱に言及した諸書や回想録で知ることができる。[1] しかし、内モンゴルでの混乱や内モンゴル軍の背叛逃亡については、ほとんど伝えられていない。

満洲国内の日本人居留民は逃避行中に多くの惨劇にあったが、内モンゴル在留邦人は、この種の惨劇に遭うことはなかった。それは、駐蒙軍司令官根本博中将が抗命してまで、民間有志も含む約二五〇〇名から成る独立混成第二旅団［響兵団］を編成し、張家口の北方二七キロの峠に「丸一陣地」を築き、ソ連・外蒙連合軍を迎撃したからである。この英断により、内モンゴル在留邦人四万人は無事に引き揚げることができた。[2] 張家口から邦人脱出については、蒙古善隣協会「西北研究所」の無給の嘱託（八月になって正式の研究所員に任命された）だった梅棹忠夫氏の回想に詳しい。[3] 引き揚げ列車は東行の一方通行で、華北交通は京包線［北京―包頭（トウ）］の全機関車・貨車を張家口に集め、一時間ほどの間隔で走っていた。梅棹らは八月二一日の午後、最後から二本目の無蓋の貨車で張家口を脱出、通常なら七時間で北京に着くところを、四日かかった。南口あたり、鉄道に平行している街道を、日本軍のトラック隊がたくさん走って来た。それはソ蒙軍の戦車隊を阻止していた駐蒙軍だった。「どちらからともなく万歳の声がわきあがった」。あとで聞くと、彼らは霧に紛れて、巧く脱出できたのだという（一〇五頁）。

駐蒙軍は内モンゴルの包頭、厚和［フフホト］、徳化、アバカなどの主要地点に特務機関を

蒙古軍幼年学校の日本人軍官と生徒たち（B・ビレクト氏提供）

配置し、さらにこれらの分派機関として奥地に機関員を置いていた。奥地の特務機関員には通信機器がなく、敗戦後の引き揚げは困難を極め、戦死者やソ蒙軍の捕虜になる者が多く出た。

内蒙古軍の多くは、ソ蒙軍に何ら抵抗することなく降伏した。内蒙古軍第九騎兵師の師団長ウルジェイ・オドセル［オチル］は、二〇〇名の兵士を連れて、モンゴル人民共和国に赴いた。

当時、徳王［デムチグドンロブ］を主席とする「蒙古連合自治政府」があり、徳王府のあった西スニト旗の西北には蒙古軍軍官養成の幼年学校があった。[4]蒙古軍幼年学校は一九三九年の後半に創設され、満洲国軍第八師第二三団長であったボヤンメンド上佐が校長に、蒙政部参事官であった青木英三郎が教務主任に就任し、一九四〇年六月一七日、第一期生六〇名が入学した。

日本敗戦の報を受けた学校当局は、生徒たちには「遠足」と伝えて、夕食後、「夜中行軍」を開始した。この逃避行中に「蒙古軍幼年学校事件」が発生する。

なお、南北のモンゴルを、「内蒙（古）」「外蒙（古）」と呼ぶのは中国側の視点である。本稿では、当時の呼称や文献の慣用に従うか、中国側に身を置いて語る場合を除き、「南モンゴル」「北モンゴル」と呼称する。「蒙古」という呼称は極力避ける。

2　先行報告

当時、内モンゴルで特務機関に勤めていた内田勇四郎氏によると、「ソ蒙軍の進撃が始まったとき、蒙軍の幼年学校では叛乱が起こった。幼年学校は徳王府の西北にあって、日満蒙の教官一三人が指導に当たっていた。校長は東蒙古出身の人（中校）で、日系の主任教官は稲永豊中尉ほか二、三名、ほかは蒙系であった。八月九日、ソ連参戦の報に接した学校側は六十粁東南の土木爾台［トムルタイ］に徒歩で退避を命じた。その途中、生徒側を代表する数人が教官に対し、『自分たちは今から西スニトに引き返し、ソ蒙軍を迎えます』と申し出て、行進を促す教官と争いになり、教官全員を射殺して生徒たち二百人はひきかえした」（『内蒙古における独立運動』(5)）。

しかし、内田氏の概況報告は、当時、徳化特務機関に勤務していた吉田固也氏からの又聞きで、吉田氏の、昭和四五年七月発行の季刊誌『日本とモンゴル』第五巻第四号での報告文「慟哭のゴビ砂漠」に拠る。しかも、この報告は目撃談ではなく、待避してトゴート・スム［僧院］に居た徳王の長男の都王（とおう）［ドグルスレン］から聞いた話であり、都王もまた、西スニトに帰校した生徒たちがした話を耳にして、それを吉田氏の同僚の立山特務機関に伝え、さらに立山氏がそれを吉田氏に語ったものである。

体験者あるいは目撃者として、証言できる人物は、現在、モンゴル国第二の都市ダルハン市に在住し、人文大学ダルハン分校で中国語を教授しているB・ビレクト氏以外は、おそらく皆無であろう。氏は事件当時、蒙古軍幼年学校の二年生で一五歳。今なお健在である当時の幼年学校生徒はごく稀だからだ。

そのビレクト氏から、氏の戦中戦後の半生記［モンゴル語］を入手してある（すでに日本語訳は完成しているが未刊）。この手記には、この事件についての記述もあった。吉田氏の報告よりも詳細であり、何よりも体験談であり、目撃談である。そこで吉田氏の報告「慟哭のゴビ砂漠」と食い違う点をビレクト氏に問い質（ただ）し、事件の全容を明らかにしたい。氏に問い質して記録した部分は「ビレクト聞書」とする。

3　ビレクト手記と「聞書」に拠る検証

①大戦末期の幼年学校の生徒たちの動向

吉田報告に拠れば、大戦末期になると幼年学校内の「匍匐（ほふく）党」と呼ばれるグループができていた。この党名には、赤ん坊が母親を慕い膝に這い寄る、という意味を含意していた。この場合、母親は北モンゴル［外蒙古］、つまりモンゴル人民共和国で、生徒たちの憧憬と思慕の対象になっており、すでに北からの宣伝工作がかなり浸透していたようだ。徳王でさえ、自治政府内にもモンゴル人民共和国と通じる者がいることに気づいていたが、黙認していた節（ふし）がある。(6) 夏休みや冬休みには二、三人の代表がウランチャップ盟の国境を越え、北のウランバートルに入都していた。

昭和二〇年五月頃、徳化の某特務機関員がこれに気づき、生徒たちを密（ひそ）かに取り調べた。すると、「外蒙に帰依した」一人の生徒は、「外蒙こそが真に蒙古民族の独立のため最後に残り得るトリデである」と語り、「私たち日本人に対しても何ら恐れる態度や言葉もなく、悠々、むしろ不適な態度であった」という。駐蒙軍情報部宛てに打電報告すると、「事を荒立てず、厳重なる秘匿の上、静観、偵諜を続けよ」との返答があった。これを知る者は徳化機関のごく少数で、幼年学校の稲永主任教官にすら、秘密にされていた。

ビレクト手記も、ほぼ同様の動きをより具体的に記している。「一部の者は、内モンゴルの将来について思い悩み、秘密裡に具体的な行動をとるべく密かに相談し、手段を講じていたのです。そのため今年卒業して行った三期生は過ぐる一九四四年の冬休みに密かに会合して、その中からアドイアとバンチドを北モンゴル行き代表に選び、生徒たちが署名した手紙を持たせ、必要経費を仲間たちが拠出して、ウムヌゴビ方面の道に詳しい地元民を案内人にし、二頭の駱駝に乗って、国境を越えたのです」。

「この頃、私たちの上の学年のゾリクトという若者を長とする『党』が組織されて活動していました。ゾリクトは、その当時、反動的と噂されていた東部モンゴルのかなり厄介な人たちから成る第八師に勤めていて、私たちの学校には特別任務で入学したという話でした。一体どんな任務で来たのか誰も知りません。彼の組織がどんな綱領を持ち、どんな主義の下に人々を結集していたのかを、彼に追従する同志に訊いても、筋道の立ったことは聞けませんでした」。

②夜中行軍の実態

吉田報告に拠ると、校長以下全員が徒歩で徳王府の（東）南方六〇キロの中国人の町トムルダイ［土木魯台／土木爾台］に向かった。

内田氏に拠ると、生徒は一五〇名から二五〇名。教官は日満蒙系の一三人で、その内、日系は主任教官稲永豊中尉ほか二、三名。

トムルテイ［土木台］を目指した点は、ビレクト手記と一致するが、隊列の構成と様相が異なるので、「聞書」によって補充する。

各自、装備を整えて、夕食のために食堂に集合した。その時、誰かが「北モンゴル兵が入って来るそうだ」と言い出し、誰もが落ち着かなくなり、騒然となった。上級生は武装して歩哨に立ち、教官室の書類を燃やしていた。夜一一時に出発。

ビレクト少年の担任でもあるムングンサン先生は騎馬して隊列を規整していた。隊列の前後に、やはり騎馬した斥候が付いた。

一部の生徒たちは、教官たちの荷物を積んだ牛車［二輪貨車］の警護をしながら進んだ。ビレクト少年ら四人は稲永先生の荷車が担当だった。先生は記念に物をくれ、ビレクト少年は靴底の頑丈な立派な靴をもらった。生徒たちは、食料袋、水筒、合羽、厚い毛布を背負い、教練用の銃を肩に架けて、まさに兵士のような軍装で、意気込んで行進した。真新しい真っ白なシャツを着た堀口先生は、生徒たちを元気づけながら歩いていた。しかし、次第に荷物が重くなって捨てたり、眠り込んで落伍（らくご）する生徒もでてきた。

③「ビシレルト僧院」で大休止

吉田報告に拠ると、西スニト旗領内の行程にはラマ寺が二つあったが、その最初のラマ寺で大休止した。ここで惨劇が起こった。

ビレクト手記に拠れば、これはビシレルト僧院で、朝日が昇る頃、ここに辿(たど)りついた。教官たちは僧院から馬を借りて引き返し、草原で眠り込んでいる生徒たちを起こしたり、捨てられた物を回収した。炊飯係が僧院から大きな鍋を借りて来て、行軍中の即席の食事を作った。食後、少人数づつラマの住居に分宿した。ビレクト少年ら五人も、ラマの小さな住居で大休止することになった。生徒たちは、軍装を解いて、規則どおりに畳(たた)み、枕にして、ぐっすり寝入ってしまった。

④惨劇

惨劇の概況について吉田氏は、以下のように報告している。

「幹部の一行が最初のラマ寺に到着して休息していた時、突然、主だった生徒数名が現れ『私たちは、今からすぐ西ソニットに引返して、ソ連軍を迎えます』と告げた。即座に、その行動を制止しようとした稲永中尉が、まず彼らの拳銃の犠牲になった。逆にその首謀者は、校長によって殺害された。その応酬のうちに、他の日蒙系の教官も全員殺害されてしまった」。

しかし、この吉田氏の報告には曖昧（あいまい）な点があり、「ビレクト手記」と大きく食い違う。首謀者を殺害した校長は殺害されなかったのか。「ビレクト手記」の現場には校長は登場せず、暴発組の生徒で殺害された者はいない。暴徒に殺害されたのは、日系教官三名と蒙系教官一名である。「手記」の記述をビレクト氏に確認しながら、以下に「聞書」として整理してみる。

Q.「吉田報告」には校長が首謀者を殺害した、とありますが、事実ですか？

A.いいえ、その頃、校長は留守でした。奥さんは私たちと同行していました。暴徒には拳銃を構えて抵抗したそうです。気丈（きじょう）方でした。

Q.日蒙教官全員が殺害されたとあります。日系教官三名は全員殺害されましたが、モンゴル人教官で殺害されたのは、ムングンサン先生だけではありませんか？

A.そうです。当時、我が校に四人の日本人教官が配属されていましたが、その内、小森先生は、この事件の一か月前に転出していました。僧院内には大きなゲルが二つあり、右手のゲルには先生たちの家族が休み、左手のゲルにはムングンサン先生と三人の日本人の先生が入りました。この日は暑くて、入口を開けっ放しにし、ゲルの裾（すそ）を捲（まく）り上げ、靴や服を脱ぎ、安心しきって休んでいました。
行軍で疲れきった年少の生徒たちは休ませ、上級生たちが歩哨に立っていました。隊付き勤務で歳を食った一部の年長の生徒たちは行軍中からチャンスを待っていたそうですが、暴挙する上級生にはこれが好機でした。

正午頃、私たちは突然の銃声で目が覚めました。北モンゴル軍の来襲だ、と咄嗟に服を着て、僧院の塀の出入口から跳び出しました。

最初に目に入ったのは、僧院の前の丘を、一人の男がズボンを履き白いシャツを着て、裸足のままで一目散に逃走する姿でした。同級生に訊くと、「堀口先生だ」と答えました。後ろから銃を持った者が撃っても当たりません。驚愕して、打ち込まれた杭のように立ち尽くしている内に、先生は丘を越えました。あの上級生の党代表のゾリクトが馬で追い駆け、見えなくなりました。

急にもの凄く喉が渇き、何か飲もうと思いました。すぐそばの左側の大きなゲルの入口が開いていたので、駆け込みました。水を飲もうとして、稲永先生とムングンサン先生が北側の壁にもたれ、殺されているのに気づきました。

動転し恐くなって、塀の外に出ると、上級生たちが日本人の先生たちの荷物を焼いていました。焼いている物の中から残部を取る者もいれば、それを止めようとする者もいました。

集合ラッパで全員が整列していると、あのゾリクトが戻って来ました。堀口先生を殺めたのは明らかでした。ゾリクトは整列した者たちに向かって、「日本人教官を殺し、革命を実行した。北モンゴル軍を歓迎する」と演説しました。そして、他の党員たちやサンジャブ先生が前に出て「この革命のために死ぬまで尽くす」と宣言しました。その時、サンジャブ先生が稲永先生の山羊皮の長靴を履いているのに気づき、急に憎悪を感じました。日本人教官の所持品を焼く前に、「革命家」のほとんどが自分の分け前を手に入れていたのは明白です。多くの者がゾリクトの勇気を称えても、私としては罪のない先生たちを殺めたことに対して憤りを感じていました。

　トムルテイに着いてから聞いた話ですが、暴徒たちはゾリクトを先頭に、銃を持って入って行ったそうです。入るやいなや、はじめ稲永先生に銃を向けて殺そうとしたが、並んで休んでいたムングンサン先生が彼らの暴挙に咄嗟（とっさ）に気づき、「何の道理があってのことか」と言って、銃を奪おうとしたが、撃鉄をひかれて銃弾が腋（わき）の下に撃ち込まれ、壁に寄りかかったまま絶命してしまいました。次に二番目の銃声が響き、稲永先生の首を貫いたのです。

　この間に佐藤先生と堀口先生は銃が取れなかったのか、自分の手で育てた若者を殺すことができなかったのか、何か理由（わけ）があったのでしょう。銃も持たずに、一人は前方の丘に逃走し、もう一人は低い塀を乗り越えて、外に逃げました。

　堀口先生をゾリクトが馬で追い駆け、峡谷で追いつきました。先生は両手に石を握って、「お前がそんなに度胸のあるモンゴル男子なら、こっちに来い」と叫んだのに対して、ゾリクトは直ぐに銃を発射し、撃ち殺したそうです。

　佐藤先生は塀の陰に隠れているところを見つかり、その場で撃ち倒され、脇腹を銃剣で刺されて、まったく動けなくなったのに、「革命家」にまた頭を撃たれ、「あぁ……」という声を漏らして、息を引き取ったそうです。

Q．この時になって、どうして革命派は日本人教官を殺害するという暴挙に出たのでしょうか？

A．彼らは、「日本人教官は我々を鉄道の駅まで連行して、日本軍に配属して解散させようとしたからだ」と言いました。その話は情勢も地理も知らない者の愚かな返答としか言い様(よう)がありません。学校から最寄りの駅でも三〇〇キロはあるし、そこに日本軍の部隊がいるかどうかも明らかではありません。しかもムングンサンというモンゴル人教官が指揮し引率していました。私たちを解散するなら、東アムサル駐留の日本人の特別部隊でも十分可能でした。三〇〇キロも先に行く必要はありません。

⑤事件後

Q．その後、どうしましたか？

A．私たちは、来た道を引き返すことになりました。革命派たちはラマに銃を突き付けて、先生たちの遺体を片付けさせました。しかし、ムングンサン先生の奥さんはラマから駱駝を借りて、夫の遺体を駱駝(ラクダ)に乗せ、先生たちの家族と一緒に特別の葬列を組んでトムルテイ［土木台」を目指しました。

革命派たちは暴動を起こし主導権を握っておきながら、ラマたちから奪い取った馬や駱駝に乗り、無人の平原の暗闇に乗じて、我々を置き去りにして去り、北モンゴル軍を迎え、合流したそうです。軍官の教官たちも居なくなってしまいました。私たちを文官のニャムオソル先生が指導しました。ばらばらになった仲間たちを糾合しながら、行軍しました。

陽が昇ると、一五キロか二〇キロ先も見えてきました。前方から三頭の騎馬が走って来て、私たちに向かって銃口を開きました。その三人が誰かを知った私たちは藪の中から、「先生ぇー私たちですよぉー」と手を振ったけれども、撃ち続けて、上級生のホトローという生徒が負傷して倒れました。

その時、エルデネバト先生が天から下りて来た仏様のように馬を走らせて来て、その三人を制止しました。

私たちに向かって発砲を止めなかった三人の教官は兵站（へいたん）担当のナサンバトとハス、それに日本人教官の靴を履いていたサンジャブ先生でした。彼らは撃つのは止めたけれども、隊列の前に来て「さぁ、革命家がいるなら、出て来い。鉄軸に当たる卵のように命を取ったら、どうだい？」と喚（わめ）いて威嚇（いかく）し、銃を振り回していました。

東アムサルの谷間を越えて張家口に通じる街道に、天まで砂埃を巻き上げてソビエト赤軍が突如、現われました。実に壮観でしたが、これを見て恐くなったと言ったら、ありません。隊列は向きを変えました。

　夜になって、学校の家畜を放牧している村に着きました。班ごとに羊を一頭づつ殺し、鍋が手に入った班は煮て、鍋の無い班は焼いて食べました。雨が降りそうで、落ち着かない気持ちで寝ました。

　翌朝、また一日歩いて、トムルテイに着き、幼年学校に穀物を供給している商館や他の家々に分宿しました。

　私たちの隊列には穀物を積んだ荷車も金庫を積んだ荷車もありました。トモルテイの近くに来た頃には、その車の監督責任者である若い漢人の会計士が居なくなり、一年生の生徒数人がその金を盗んで逃げるのを見ました。これらの若者は今年の新入生ですが、年齢不問の年長者でモンゴル語がほとんど話せない者たちでした。ビシレルト僧院に入った時には、ラマのゲルにあった仏壇から値打ちのある仏像やお供えの菓子類を盗んだそうです。金庫から金を盗み取る時に、会計士をあの世に送ってしまったようです。途中で盗癖が出て、大量の金品が手に入ったから、豚（とん）ずらしたのでしょう。

　幼年学校は閉校になったも同然でしたから、先生たちの管理下でトムルテイに駐留していました。皆んなで、これからどうしようかと迷っていると、第七師長で「長髭（ながひげ）」という渾名（あだな）のドミルンジャブ将軍がやって来て、第七師の本部のある商都［シャンド］の町まで護送してくれることになりました。

Q．商都に駐留中のことを話してください。

A．商都は、行政上はチャハル盟に属した交易の町で、粘土の城壁に囲まれ、市場、街路、広場が整い、小学校と女子専門学校がありました。町のほぼ中央には第七師の本部と兵営がありましたが、この師団の主力はこの頃、南モンゴル西部国境付近に出動していて、少数の兵隊しか残っていませんでした。

地元の匪賊が活発化し、年長の生徒たちは実弾を与えられ、警戒に当たりました。到着して、二、三日後に匪賊が町を襲いました。激しい抵抗に遭って、退却しましたが、次の夜も来襲しました。匪賊は数名殺され、逃走しました。

そのうちにロシアの兵隊もやって来て、町を警備してくれました。赤軍は「略奪者」だと思っていたのは誤解でした。ある日、ロシア人の大佐が私たちを集めて、「あなたたちは自由になった。家に帰ってもいい。遠い家までの乗物や旅費を提供してもいい。家に帰らず仕事をしたい人たちには仕事を与えます」と言ってくれました。

私たちは、「北モンゴル軍を待っています。彼らに会うまでは解散しません」と答えました。すると、大佐は「それをモンゴル人高官に伝えましょう」と言いました。

やがて、北モンゴル軍の小隊が到着しました。私たちは涙を流して、歓迎しました。その二〇名ほどの騎兵は市内の女子専門学校に一泊し、翌朝、発ち去ってしまいました。

この間の大きな出来事は、徳王軍の精鋭部隊が自発的に武装解除して商都に集合し、挙って北モンゴル行きを希望したことでした。中共の八路軍の代表団もやって来て、共産主義の宣伝をし、国民党軍に対する闘争を呼びかけました。宣伝員の中には、オルドスのオトク旗やウーシン旗のモンゴル青年たちもいました。勝利すれば、南北モンゴルの統一独立も成ると言いました。私たちも北モンゴル行きを希望しました。

Q．それで、一旦、西スニトの母校に戻ることになったのですね。

A．はい、そうです。九月中旬に北のモンゴル人民共和国から、受け入れ決定の連絡が入りました。学校は二か月ほど空き家になっていました。まず倉庫から古着を出してもらって繕い、次に自分の足に合う靴を作りました。学校は一時、縫物工場と靴工場と化しました。私たちは日本人教官の殺害に加担した者を北モンゴル人将校に訴えました。上級生の一人を銃撃して負傷させたハス先生は家族を連れて、夜遅く逃亡しました。

4 北行

①モンゴル人民共和国まで

「ビレクト手記」に拠ると、九月末頃に軍用トラックが迎えに来て、幼年学校生徒、教官、内モンゴル軍兵士ら約一三〇人を乗せて、憧れの国に向かった。

Q．ウランバートルに直行したのですか？

A．いいえ、ザミィン・ウードで足止めを食いました。そこの国境警備隊の近くに暫く宿営していました。私たち生徒の一日の仕事は牛糞などの燃料を集め、交替で水汲みに行き、近くの屠殺場から食肉や規定の食料を受け取って来ることだけでした。「ノルマ」という言葉を、ここで初めて知りました。

南モンゴル軍の兵士たちも続々と入境して来ました。馬は没収され、鞍や馬勒は積み上げられ、小山のようになりました。近辺に南モンゴル軍兵士たちのラーゲリが出来ました。病気が蔓延し、ロシア人医師とモンゴル人看護兵が懸命に看護したのですが、幾人かの兵士と二人の生徒が亡くなりました。その一人は日本人の先生から奪い取った腕時計をしていました。閻魔大王の前に出て、日本人の先生と顔を合わせたら、どうするのだろう？　と話したものです。

さらに数人の兵士や生徒が跡を追うように亡くなりましたが、誰も南モンゴルに戻りたいと言う者はいませんでしたよ。

寒さが厳しくなり始めた一〇月末になって、北から車の長い列が近づいて来ました。五〇台ほどのトラックでした。一台に平均して二〇人乗れば、千人になります。車には私たちの着る綿入りのズボンやシャツ、フェルトの靴、兵隊用の外套、毛の帽子などが積んでありました。

途中、二泊して、美しいハンガイの入口にあるトルフラフという地に着き、そこに二、三泊駐留してウランバートル入りの順番を待ちました。

途中、狭軌の線路を見て、玩具（おもちゃ）の汽車でも走っているのか、と話したものです。

②モンゴル人民共和国にて

Q．ウランバートル入りして、どこに収容されたのですか？
A．現在、相撲宮殿がある場所で、当時は「バト・ツァガーン」と言われた中央監獄でした。熱い蒸気で消毒され、虱（しらみ）やその卵は一掃されました。
私たちは一か月ほど隔離禁足状態にありました。ここでも病気が蔓延し、二人の生徒が亡くなりました。

内務省の緑の帽子を被った軍官たちがやって来ては何度も演説をしました。何かを罵り誰かを糾弾していたのですが、がなり立てるだけで、理解できませんでした。

収容中には娯楽もありました。『モンゴル国』や『スフバートル』という映画を見せられました。『スフバートル』の中の、モンゴル軍が中国軍を放逐している場面を見て、北モンゴルに来るまで国民党軍と戦っていた南モンゴルの兵士たちは、まるで自分たちを見ているような印象を受けたでしょう。外では十月革命記念日の賑わいもありました。

所内でコンサートも開かれました。缶詰のカンと革から共鳴板を作って馬頭琴にして銅製のキセルで弾くアーチストたちもいました。彼らの演奏に合わせて、『理由（わけ）ありの三つの丘』の中の「アルタイ賛歌」を歌ったりしました。

白い雪を帽子にして
緑の木々を城壁にし
清水が足下を流れる
肥沃なハンガイの地

禁足が解かれると、張家口で私の先生だったツォグゲレル先生に招待されて、ご馳走になったりもしました。

一一月の中頃になって、数人の将校がやって来て、三〇歳以上の者を連れて行き、二日後に、彼らは北モンゴル軍の将校や兵士の服を来て戻って来ました。その後、徴兵年齢者全員を連れて行き、徴兵年齢期を過ぎた者と学齢期の者が残りました。学齢期の者のうち数人だけが第一中学校に入学できました。収容できる学校が不足していたのです。

残った者は国営農場に送られました。国営農場のトラスト長は「あなた方に現代の専門技術を習得させるために、実地で学ばせる」と言いました。

Q. 国営農場での暮らしについてお話しください。

A. 辺り一面、真っ白な雪で被(おお)われた日のことです。突然、冬空に大きな音が轟(とどろ)き、四角い物体が道沿いに疾走して来るではありませんか。皆んなでその戦車のような機械の使い途(みち)をあれこれ推測していると、ある若者が「土を耕す『トラクター』って言うんだよ」と言いました。なるほど、種(たね)（тариа・タリア）を蒔(ま)く前に使うから、「タリアグダル」と覚えました。こういう強力な機械の運転を覚えたくない若者などいません。

ある夜、「夕べの会」で、「タンツ」があると言うので、皆んなでカーペットを作る作業でもあるのかな、と思って「赤い部屋」に出かけました。「タンツ」は中国語で「絨毯(じゅうたん)」の意味だったからです。ところが、それはダンスの講習会でした。こんな会で「インターナショナル」などの歌も習いました。

四〇人余りの日本兵捕虜も来ました。私たちの中のボルトモルという生徒が通訳をしました。彼らは毎日、山と積まれた小麦を精麦していました。彼らを北モンゴル軍兵士が銃を持って監視していました。

やがて、「私たちは肉体労働をしに北モンゴルに来たのではない」と不満を漏らすようになりました。秋の大仕事が一段落したある日、農場長が馬でやって来て、「君たち生徒は、ウランバートルの学校に入れることになった」と告げました。国営農場には一年近くいたことになります。

Q．すぐに学校に収容されたのですか？

A．いいえ。ウランバートルに戻ると、教育省の前で降ろされました。当時、教育省の建物は現在のウランバートル・ホテルの敷地内にありました。一二〇人ほどの若者が集合しました。暫くは民間に預けられました。南モンゴルから政治的理由で移って来た人たちが大勢いました。この人たちの家庭に一時滞在しました。私たち数人は内モンゴル軍第七師の参謀長だったゴリモンソイ将軍の家に預けられました。将軍は部屋数の多い快適な大きな丸太の建物に住み、国庫から全面的な補助を受けていました。

しかし、ほどなく、将軍は日本のスパイ、反革命、階級の敵だとされ監獄に入れられ、家族はその家から追い出されてしまいました。釈放後、将軍は野菜売りをしたそうですが、モンゴル国立大学の教師たちが将軍の学識を惜しみ、大学に招き、大学の教師にしたそうです。

Q．徳王も亡命していたことを知っていましたか？

A．その当時は知りませんでした。私の父の徳王自治政府時代の直属の上司だった陳国藩（ちんこくはん）（ツョグバドラハ）氏もいたはずですが、その当時は知りませんでした。氏はソ連・モンゴル人民共和国連合軍が南モンゴルに進攻した時、自治政府からソ蒙連合軍の許に派遣され、そのまま人民共和国に亡命したそうです。氏も粛清され、その経緯（いきさつ）については、のちに氏のルスマー夫人から聞きました。

Q. 北朝鮮から脱出した人々を日本では「脱北者」と総称しますが、南モンゴル出身者に対する特別な呼称はありましたか？

A. 特にありませんでした。「南モンゴル人」で済まされていました。ただし、「南モンゴルから逃げて来た子」と言われたことはあります。

「バト・ツァガーン」での禁足が解かれ、外に出られるようになってからのことですが、市内で同じぐらいの歳の男の子と話をすると、いきなりこちらを指さして、「君たちはモンゴル人か？君たちは本物のモンゴル人じゃない！」と言い出しました。私たちは中国人にでも見えたのか、とショックを受けました。

Q. その後、幼年学校の生徒たちは学校に入れたのですね？

A. はい。年長の生徒たちは、商業、財政、技能、医学、獣医学などのテフニクムに、私たち一四人はウランバートル十年制第一中学校に編入入学しました。

北モンゴルで一番の中学校に入れたのですから幸運でした。ボグド山に登ると、町を一望できます。四階建ての建物は第一中学校の白い校舎だけで、目立って、くっきりと見えましたよ。

注

（1） 牧南恭子（二〇〇四）六-一二三四頁。

（2） 稲垣武（一九八一）

（3）　梅棹忠夫（一九九一）九八-一〇七頁。
（4）　一方、内蒙古軍の士官学校である「蒙古軍官学校」は徳王の「蒙古軍政府」成立後（一九三六年五月）、総裁の徳王が校長を兼任し、当初、西スニトの東軍営に設立されたが、徳王の「蒙古連合自治政府」が張家口に成立（一九三九年九月）すると、ここに移転した。
（5）　内田勇四郎（一九八四）二六七頁。
（6）『徳王自伝』（一九九四）三二九頁。

参考文献

稲垣武（一九八一）『昭和二〇年八月内蒙古邦人四万奇跡の脱出』ＰＨＰ研究所
内田勇四郎（一九八四）『内蒙古における独立運動』朝日新聞西部本社編集部センター
梅棹忠夫（一九九一）『回想のモンゴル』中央公論新社（文庫）
ドムチョクドンロプ（森久男訳、一九九四）『徳王自伝』岩波書店
牧南恭子（二〇〇四）『五千日の軍隊—満洲国軍の軍官たち』創林社
森久男（二〇〇〇）『徳王の研究』創土社

[徳王の内蒙高度自治運動に協力した主なモンゴル人](アイウエオ順)

阿王[アルタンオチル]　イフジョウ盟副盟長でハンギン旗旗長。蒙政会実業署長。蒙政会分裂後、綏境蒙政会副委員長。徳王は一九四九年四月、西に自治政府を樹立しようと準備委員会を組織し、イフジョウ盟副盟長の阿王を主任委員に推したが、同月一六日、急死した。

烏古廷(ウコティ)　ジョソト盟カラチン右旗の出で、東北講武堂・中央訓練署専科出身。興安遊撃師第四支隊長興安西分省警備軍司令官代理。蒙古軍総司令部主任参謀のちに参謀長。四四年秋、呉鶴齢と組んで徳王から軍政大権を奪おうとして、徳王の逆鱗に触れた。人民解放軍が迫ると逃亡。

雲王　ウランチャップ盟盟長でダルハン旗旗長。百霊廟蒙政会委員長。　蒙政会分裂後、国民政府委員。蒙古軍政府主席。蒙古連盟自治政府主席に就任したが、一九三八年三月病死。

郭王　シリンゴル盟東スニト旗閑散王。蒙政会委員。

郭道甫(クオダオフ)[メルセー]　ダグール族の出。一九二三年、フルンボイル青年党を結成。二五年一〇月、白雲梯らの内蒙古国民党と連合し蒙古人民革命党を結成し中央委員会常務執行委員長に就任するが右派の白らと対立、分裂。左派は二七年フルンボイルの独立を宣言するが郭道甫らの漸進主義派と富民泰らの急進派に内部分裂。二八年の張作霖爆死事件後、フルンボイル独立を目指して蜂起したが、失敗して北モンゴルに脱出。のちに瀋陽に戻り、奉天蒙旗師範学校長に就任し、モンゴル青年を日本留学に送り出した。徳王の内蒙古高度自治運動にも助言を与えた。満洲事変後、ハイラルに戻った。満洲里のソ連大使館に騙され、ソ連に連行された。三四年三月、銃殺刑が言い渡されたが、一〇年の禁固刑に減刑されてのち、獄死した。

韓鳳林［フフバートル］　ジリム盟コルチン左翼後旗の出。奉天の蒙旗師範学校長・郭道甫の下で学び、日本の陸軍士官学校騎兵科に入学。満洲事変に際し、帰国し内蒙古独立軍に参加。一九三四年四月蒙政会設立後、蒙政会保安署第一科科長になるが、同年九月、国民党中央憲兵三団に逮捕され、暗殺された。

金永昌［アルタンオチル］　関東軍嘱託。蒙古軍政府政務部内務署長。蒙疆連合委員会委員、蒙古連合自治政府最高検察庁長。

呉鶴齢［ウネンバヤン］　一八九六年生まれ。ジョソト盟カラチン右旗の出。北京政府時代に蒙蔵院秘書。一九二九年、蒙蔵委員会参事・蒙古各盟旗連合駐京弁事署主任、三〇年蒙蔵委員会蒙事署長、三二年蒙蔵委員会参事に復職。三四年以降、徳王に協力して蒙政会参事庁参事長、蒙古軍政府で参議部部長と蒙古生計会会長、蒙古連盟自治政府で参議会議長、蒙古連合自治政府で政務院長と国務長官。日本敗北後、一時国民政府に復帰したが、一九四九年に西蒙自治運動に参加して蒙古自治政府の蒙古議会議長。徳王は「籠に入れれば、みな野菜」と評価していた。人民解放軍が迫ると逃亡。一九八〇年、台湾で死去。

ゴムボジャブ　三八年、北海道大学に留学し林学を学び、四四年、内蒙に帰り、西蒙自治運動期まで徳王の秘書官を務めた。蒙古青年同盟員。四八年、O・ラティモアの招きにより、インディアナ大学のウラル・アルタイ学研究所に属した。

沙王　イフジョウ盟盟長でザサク旗旗長。蒙政会副委員長で民治署長。蒙政会分裂後、綏境蒙政会委員長。蒙古軍政府副主席。

索王　シリンゴル盟盟長で西ウジムチン旗旗長。蒙政会副委員長。蒙政会分裂後、察境蒙政会委員長。蒙古軍政府副主席。

ジャチスチン　カラチン右旗の出。蒙古青年同盟員で、米国の民主主義を賛美し、徳王の米国接近を図った。内蒙古各盟旗代表大会宣言を起草し、蒙古自治政府で副秘書長。米国に渡って活動するため、蒙古自治政府の印鑑を押した空白の公便箋をもらい、人民解放軍が迫ると出発した。

朱実夫　黄埔軍官学校卒業。蒙政会保安署第三科長。徳王の親日路線に反対で、保安隊の新兵募集や組織編制での苦労も報いられなかったなどを理由に、保安署第三科長の雲継先と共に百霊廟保安隊暴動を惹き起こし、傅作義軍に編入された。

スフバートル　騎兵第一旅団長。一九四八年秋、第一旅団は重囲を突破して、綏遠に脱出、綏遠省主席の董其武の寝返りの動きを示すと、綏遠を脱出してアラシャ旗にいる徳王の許へ。改組後の蒙古自治政府で第一師師長。この旅団が徳王の最後の軍事的拠り所となる。

達王　寧夏省アラシャ旗旗長。蒙古自治政府で副主席。

チョトバジャブ　チャハル部牛羊牧群明安旗総管、チャハル保安長官、チャハル盟盟長。蒙古連合自治政府政務院長。

徳王［デムチグドンロブ］　一九〇二年生まれ。シリンゴル盟副盟長で西スニト旗旗長。一九三三年、百霊廟内蒙高度自治運動を起こし、蒙古地方自治政務委員会（百霊廟蒙政会）を設立し、秘書庁秘書長となる。三六年、関東軍に接近して蒙古軍政府を樹立して総裁に就任。蒙古連盟自治政府主席、蒙古連合自治政府主席に就任し、三八年と四一年には蒙疆政権主席として日本を訪問。国共内戦末期に西蒙自治運動を開始して蒙古自治政府を樹立、瓦解後の四九年末、モンゴル人民共和国に亡命。逮捕、五〇年三月から厳しい尋問を受け、同年九月、中国に送還。矯正収容所で政治教育を受け、六三年釈放。回想録を口述筆記し、六六年病没。

トクト［陶克陶］　ジリム盟スルク旗の出で日本大学に留学。関東軍嘱託で満洲国蒙政部調査課

員、蒙古軍政府で外交署長。蒙古連盟自治政府総務部長、蒙疆連合委員会委員で保安部長、蒙古連合自治政府で参議、司法部長。

徳古来［ジルガラン］ ブトハ旗の出で、満洲事変勃発すると日本から帰国。蒙古独立軍外交署長。蒙古軍政府で財政署長。蒙古連盟自治政府で財政部長。蒙古連合自治政府財政部総署長。蒙古自治政府で政務委員、人民解放軍が迫ると逃亡した。

トフシン［旧名トグトフ］ 蒙古連合自治政府民生部文教科長、興蒙委員会教育署長。改組後の蒙古自治政府で教育署長、蒙古軍第二師参謀長。蒙古自治政府瓦解後の徳王らの処遇について、共産党軍と交渉を重ね、苦慮する。一九六三年から徳王の回想録を、助手として後述筆記し編集する。

陳国藩［ツョグバドラハ］ カラチン族で北京蒙蔵学院卒業。東京帝国大学留学、成績優秀で卒業し恩賜の腕時計を拝領した。一九四五年八月、ソ蒙軍との交渉に派遣されたが、そのまま北モンゴルに亡命。政治と語学の知識を活かして活動したが、一九五〇年一〇月、日本のスパイ容疑で逮捕され、五二年一二月、銃殺刑になった。民主化後の一九九〇年、名誉回復。

陳紹武［チョコバートル］ カラチン旗の出で中央政治学校出身。蒙政会参事庁参事。蒙古自治政府下の盟公署で総務庁長、民政庁長。蒙古連合自治政府興蒙委員会副委員長。

尼冠洲［ニマオトソル］ チャハル部牛羊牧群の貧家の出。漢語・モンゴル語・満洲語に通じ、張家口のチャハル都統署で通訳を務める。牛羊牧群の総管としてチャハル盟盟長のチョトバジャブを補佐。一九三三年、百霊廟内蒙古自治運動に参加し、三四年、百霊廟蒙政会委員。三五年一一月、国民党中央執行委員。三六年一月、張家口に向かう途中、日本の張家口特務機関に暗殺された。尼はチャハル盟の有力人物でチャハル盟公署の総務庁長のポストが用意されていた。

白雲梯　ジョソト盟カラチン中旗の出で国民党系モンゴル人要人。一九一九年、国民党に入党し、二四年、国民党中央執行委員。白雲梯を中心に結成した内蒙古国民党と郭道甫らを中心に結成したフルンボイル青年党が二五年一〇月、連合して出来た内蒙古人民党の委員長に選ばれたが、二七年に郭らの左派と白らの右派に分裂。右派は二八年、改組されて国民党内蒙支部となり、白は蒙蔵委員会常務委員となる。以後、中国国民党の内部にいてモンゴル族の権益と改善を図る運動方式を採る。二九年、国民党から除名、三一年、党籍回復を回復して中央執行委員に再任。三四年、百霊廟蒙政会委員。三五年四月の蒙政会第二回委員会総会で提案した造林・模範村創設・菜園開設の三案は決定しても、保守的な王公委員の画策に因り実施できなかった。白は関東軍特務機関からは懐柔可能な人物と見なされ、三六年一月、暗殺から免れた。四八年、蒙蔵委員会委員長。八〇年、台北で死去。

白海風／鳳　黄埔軍官学校、モスクワ東方大学卒業。国民党中央執行委員。一九四九年八月、蒙古自治政府で保安委員会副委員長、実業署長。

包悦卿［サインバヤル］　ジリム盟コルチン左翼後旗の出。徳王より六歳年長で先輩格。北京政府時代に蒙蔵常任理事、国民政府で軍事参議院参事・蒙蔵委員会専門委員を歴任。呉鶴齢に反対する運動の中で徳王と接触し、蒙政会で北平駐在弁事署長と財政委員会主任。一九三六年、蒙古軍第三師師長。蒙疆銀行初代総裁。三八年、死去。

宝貴廷　ジョスト盟トゥメド西旗の出で東北講武堂出身。蒙古軍第四師師長、蒙古軍参謀長。李守信の正妻の従弟。正式に軍長に発令するという約束を反故にされ、徳王に一時、殺意を抱くが李に説得され、暗殺を思いとどまった。騎兵第一旅団参謀長。第一旅団は一九四八年秋、重囲を突破して綏遠に脱出、綏遠省主席薫其武が寝返りの動きを示すや、綏遠を脱出して、徳王のいるアラシャ旗に西進した。蒙古自治政府で総参謀長。

李守信［ナサンボヤン］　一八九二年生まれ。ジョスト盟トゥメド西旗のモンゴル族地主の出で、モンゴル語が話せなかった。元々は地方中小軍閥。察東警備軍司令官、蒙古軍総司令部副司令・総司令。蒙古連盟自治政府副主席兼総司令。蒙古連合自治政府副主席兼蒙古軍総司令部総司令。蒙古自治政府の保安副委員長、蒙古軍総司令部副司令。徳王は終始、軍事面で李に大きく依拠した。中国に送還され、一九六四年特赦、以後、内蒙古自治区文史館に勤め、七〇年五月、フフホト市で病没。

参考文献

概説書（参考順に）
生駒雅則（2004）『モンゴル近現代史』東洋書店
小貫雅男（1993）『モンゴル現代史』山川出版社
バトバヤル（2002）『モンゴル現代史』（芦村京・田中克彦訳）明石書店
和光大学モンゴル学術調査団（1999）『変容するモンゴル世界』新幹社
岡本雅享（2008）『中国の少数民族教育と言語政策』社会評論社
МОНГОЛ УЛСЫН ШИНЖЛЭХ УХААНЫ АКАДЭМИ：МОНГОЛ УЛСЫН ТҮҮХ 5–р боть Улаанбаатар, 2004

各論（引用順に）
波多野勝（2001）『満蒙独立運動』ＰＨＰ新書
磯野富士子（1974）『モンゴル革命』中公新書
田中克彦（1973）『草原の革命家たち―モンゴル独立への道』中公新書
鈴木仁麗（2012）『満洲国と内モンゴル』明石書店
О. Батаа：“Манлай Баатар Дадинсүрэн” 2011

Л. Жамсрэн："МАНЛАЙ БААТАР"，"ҮНЭН"，1991. 7. 24
Б. Төмөрпүрэв："Эрэлхэг Зоригт Барга Түмэн"，"МОНЦАМЭ МЭДЭЭ"，2011. 3. 31
B・ビレクト『ビレクト手記／聞書』未刊
W・ハイシッヒ（1967）『モンゴルの歴史と文化』（田中克彦訳）岩波書店
ドムチョクドンロブ（1994）『徳王自伝』（森久男訳）岩波書店
Д. Зоригт："Дэ ВАН"，2009
ハンギン・ゴンボジャブ「日本の敗戦と徳王」（磯野富士子訳）『月刊シルクロード』一九七七年七月号
森久男（2009）『日本陸軍と内蒙工作』講談社
森久男（2000）『徳王の研究』創土社
盧明輝「韓鳳林暗殺事件と関東軍の接近」（大里浩秋訳）『中央公論・歴史と人物』一九八四年三月号
中嶋万蔵「徳王とともに」『日本とモンゴル』第六巻第四号
橋本光寶（1999）『モンゴル　冬の旅』ノンブル社
稲垣武（1981）『昭和二〇年八月二〇日内蒙古邦人四万奇跡の脱出』ＰＨＰ研究所
梅棹忠夫（1991）『回想のモンゴル』中公文庫

牧岡恭子(2004)『五千日の軍隊—満洲国軍の軍官たち』創林社
Р. Болд (2011): "МОНГОЛЫН ТУСГААР ТОГТНОЛ БА АМЕРИКИЙН НЭГДСЭН УЛС (モンゴル独立と米国)"
鎌倉英也(2001)『ノモンハン　隠された「戦争」』NHK出版
Л. Бат-Очир: "ЧОЙБАЛСАН", 1996
О. ВАТСАЙХАН: "МОНГОЛ ҮНДЭСТЭН БҮРЭН ЭРХТ УЛС БОЛОХ ЗАМД (1911-1946)", 2007
ツェベクマ(1999)『星の草原に帰らん』(鯉渕信一訳)NHK出版
楊海英(2005)『モンゴル草原の文人たち』平凡社
細川呉港(2007)『草原のラーゲリ』文芸春秋社
孫志明(2003)「学習が進んだ部下を見て奮起したモンゴルの徳王」『中国撫順戦犯管理所職員の証言』梨の木舎
田中克彦(2009)『ノモンハン戦争』岩波新書
柴達木柳(1996)『モンゴル　ゲルのくにはっけん』第三書館
佐々木健悦(2013)『検証◎民主化モンゴルの現実』社会評論社

あとがき

余談になるが、司馬遼太郎はなぜノモンハンが書けなかったか。理由は二つあるが、総じて彼の知的怠慢と知的不誠実さに因る。

司馬の歴史認識は「上からの視点」であり、陽性である。高みに立てば、天才や選良たちの目立った動きしか目に留まらず、歴史を動かすのは彼らである。熱砂を這いずり回った前線の下級指揮官や兵士たちは目に入らない。ノモンハンの関東軍には勝利に導く軍事的天才も高級参謀もいなかったし、陽性的要素は何もなかった。

第二に、司馬は大阪外語蒙古語科を出ていながら、ソ蒙側の文献を読まなかったし読めなかった。読みこなせたならば、新しい視点に立った「ノモンハン事件」つまり「ハルハ河戦争」が描けたはずだ。「上からの視点」であれ、ソ蒙軍の司令官のジューコフ将軍かチョイバルサン首相を主人公にした新機軸の歴史小説が書けたであろう。

「ハルハ河戦争」当時のソ連やモンゴル人民共和国の事情に詳しいモンゴル研究者の田中克彦氏は、司馬との次のような行き違いを伝えている。

一九七二年か七三年の夏、田中教授の岡山大学の研究室に「司馬遼太郎先生の使いの者」と称する中年の男が、大阪からやって来た。あなたから是非ノモンハンについて伺って来いと先生から仰せつかって参りました、と田中氏の前にテープレコーダーのマイクを置いた。田中氏は即座に取材を断わり、「私に聞きたいことがあれば自分でやってくればいいじゃないですか。私はマイクに向かってなんかしゃべりたくない。私たち研究者だったら、調べたいことがあれば、いつでも自分で出かけていくのがふつうです」と答えた（田中克彦「ノモンハン戦争」二〇〇九年二三六頁）。

司馬は本書で辿った「南北モンゴル統一独立運動」、広くは「汎モンゴル運動」を「盲目的な民族運動」と否定的に見ている。日本の帝国主義的発想からの働きかけに乗ったモンゴル人も多少いたが、今後も「この種の白昼夢を見たがる連中が出て来ぬともかぎらない」と書き（『街道をゆく5モンゴル紀行』一九七八年一三〇頁）、そんな運動は愚挙だとしている。確かに夢に終わったが、日本（と米国）に頼って、南北の強大国の桎梏から脱して、南北のモンゴル民族が併合して独立しようとしたのは至極当然の民族運動だった。司馬が訪ねた当時のモンゴル人民共和国政府も現在のモンゴル国の政府や政府系ジャーナリズムも、同胞に対する二大隣国の「仕打ち」に関して口を閉ざしているのは、「内政干渉」の誹りを受けるからだ。

司馬は「記憶は正確ではないが」と言いつつ、モンゴル憲法に「極端な愛国主義と盲目的な民族主義を排する」という「偉大な条文」があると書く（同書一二九頁）。しかし、そんな条文は一九四〇年七月の「モンゴル人民共和国憲法」（チョイバルサン憲法）にも一九六〇年七月の「モンゴル人民共和国憲法」にも見当たらない。「記憶は正確ではない」どころか、まったくの事実無根を論拠に持論を展開している。

口当たり好く読めるものは危険である。司馬遼太郎に限らず、開高健、椎名誠、村上春樹ら横好きでモンゴルに関わった著名な作家たちの書くモンゴル紀行は眉唾物が多く、総じて知的怠慢や知的不誠実さが目に付く。

日本国憲法の改正要件は他国に比べて特に厳しいものではない。モンゴル国憲法のほうが、もっと厳しい。国民投票は総議員の四分の三以上の同意に基づいて実施され、有権者の過半数の賛成を得なければならない。その憲法改正案が二度提案されても総議員の四分の三以上の同意を得られなかった場合は、次期総選挙後に新しく構成された国家大会議の開催までは審議されない。具体的な憲法改正は次期総選挙の六か月前までに行ない、その憲法改正は、再び国民の審判を受けることになる。

安倍首相は「日本国憲法の改憲要件は厳しい」という根も葉もないことを根拠に、第九六条の改憲要件の緩和を目指して外堀を埋め、憲法改定を急ぐ。

社会評論社の松田健二代表は、民族問題に関心が深い。本書の執筆編集に多大な理解とアドバイスを戴いた。深く感謝している。

二〇一三年六月

佐々木健悦（ささき けんえつ）

宮城県志田郡三本木町（現・大崎市三本木）出身。東京外国語大学モンゴル語学科卒業。2008年３月まで千葉県下の高校で英語教員。同年４月から６月までモンゴル国のオトゴンテンゲル大学人文学部東洋言語学科にて日本語講座を担当。同年９月、同国のダルハン外国語大学（現・国立人文大学ダルハン分校）に日本語講座を開設、英語も担当。2010年４月からウランバートルの「モンソダル」出版社でモンゴル語・日本語辞典の編纂作業に従事。同年６月から12年７月末までモンゴル国営「モンツァメ」通信社で日本語週刊紙『モンゴル通信』の翻訳編集監修を担当。現在、フリーのジャーナリスト。専門は社会言語学とモンゴル近現代史。著書に『検証・民主化モンゴルの現実』（社会評論社、2013年）。教育、言語、モンゴルなどに関する論文・記事多数。

徳王の見果てぬ夢——南北モンゴル統一独立運動

2013年11月１日　初版第１刷発行

著　者：佐々木健悦
装　幀：桑谷速人
発行人：松田健二
発行所：株式会社 社会評論社
東京都文京区本郷2-3-10　☎03(3814)3861　FAX 03(3818)2808
http://www.shahyo.com/
組　版：スマイル企画
印刷・製本：倉敷印刷

◉既刊より

検証・民主化モンゴルの現実

モンゴル・日本が直面する課題

佐々木健悦著

A5判並製　定価＝本体二三〇〇円＋税　一九八九年末からの民主化運動、九二年新憲法施行からの民主化時代が直面する課題を現地取材と地元紙・先行研究を駆使して検証。

ネパール

村人の暮らしと国際協力

清沢洋著

四六判並製　価格＝本体二二〇〇円＋税　村人とともにムラの自助自立へ。一五年にわたるNGO体験による王制が廃止されたネパールの現在。

忘れられた王国

一九三〇～四〇年代の香格里拉・麗江

ピーター・グラード著　佐藤維訳　由井格監修

四六判並製　定価＝本体二七〇〇円＋税　一九四〇年代、中国工業合作社の若きオルガナイザーが活動拠点とした雲南省麗江の少数民族の生活・風俗・文化の記録。

アンコールに惹かれて

国境を越える旅人

土方美雄著

四六判並製　定価＝本体二三〇〇円＋税　未踏査のアンコール遺跡群を行く。すべての道はアンコールに通じる。タイ、カンボジア、ラオス、ベトナム。戦火をくぐりぬけたインドネシア半島を旅する人の夢と現実。

ニセチャイナ

中国傀儡政権　満洲・蒙疆・冀東・臨時・維新・南京　広中一成／著

四六判並製　定価＝２５００円＋税

今でこそ中国は「ニセモノ大国」と呼ばれているが、日中戦争時、日本は中国にいくつもの「ニセ中国」を造っていた！民族独立・復辟・救国それは「和平」という名の「降伏」だったのか。漢奸として闇に葬り去られた対日協力偽政権史

消滅した国々

第二次世界大戦以降崩壊した１８３ヵ国　吉田一郎／著

四六判並製　定価＝２８００円＋税

今でこそ中国は「ニセモノ大国」と呼ばれているが、日中戦争時、日本は中国にいくつもの「ニセ中国」を造っていた！民族独立・復辟・救国それは「和平」という名の「降伏」だったのか。漢奸として闇に葬り去られた対日協力偽政権史

戦後復興首脳列伝

祖国を廃墟から甦らせた真の盟主たち　麓直浩／著

四六判並製　定価＝２２００円＋税

絶望に打ちひしがれる国民を励ます頼もしさと楽天性、戦勝者の無理難題を押し退ける折衝力と老獪さ、現実的な国家再建へと導く計画力と実務能力、そして彼らは中興の祖、再建国の父として国の礎を再び築き上げた。

敗戦処理首脳列伝

祖国滅亡の危機に立ち向かった真の英雄たち　麓直浩／著

四六判並製　定価＝２２００円＋税

パニックに陥る国民を宥める人徳とカリスマ性！戦争継続派、傀儡志願者を封じ込む説得力と権謀術！寛大・有利な講和条件を引き出す交渉術と人間力！それでも彼らは「戦犯」「売国奴」呼ばわりされた！

◉既刊より

東チモール　未完の肖像
青山森人著
四六判並製　定価＝本体二三〇〇円＋税

二一世紀最初の独立国・東チモール。首都ディリの「報道の自由通り」と名付けられた道を一九九三年から歩き続けている著者。自由と平和を求める東チモールの人々の永い苦難の歩みを世界に伝えるための記録。

ポルトガルの世界
海洋帝国の夢のゆくえ　市之瀬敦著
四六判上製　定価＝本体二〇〇〇円＋税

大航海時代の先陣を切ったポルトガル。南米・アジア、そしてアフリカに数多くの植民地を抱えた海洋帝国。近代ポルトガル史の核心を描きながら、人間・社会・文明の交差点をえぐる。

石も夢みるスペインロマネスク
村田栄一著
A5判並製　定価＝本体三四〇〇円＋税

ヨーロッパの田舎めぐりをしていると、小さくてずんぐりした素朴で古拙な教会や彫刻壁画たちに出会う。その魅力にとりつかれた著者がスペイン各地のロマネスク様式の造形物を追いかける。

ババ・バリ　三浦襄
バリ島を訪れる日本人のための物語
長洋弘著　四六判並製　定価＝本体二三〇〇円＋税

アジア・太平洋戦争、インドネシア独立へと続く時代、バリ島に魅せられるうち「日本軍の水先案内人」を担った数奇な運命。遺族・関係者をたどり三浦襄の生涯を描く。